DU
DÉLIT D'USURE

THÈSE POUR LE DOCTORAT

L'ACTE PUBLIC SUR LES MATIÈRES CI-APRÈS

sera soutenu le Mardi 19 décembre 1899, à 2 heures 1/2

PAR

Henri GEOFFRION

AVOCAT A LA COUR D'APPEL

Président · M. SALLEILLES *Professeur.*
Suffragants { MM. LE POITTEVIN } *Professeurs.*
{ GARÇON }

PARIS
LIBRAIRIE NOUVELLE DE DROIT ET DE JURISPRUDENCE
ARTHUR ROUSSEAU, ÉDITEUR
14, RUE SOUFFLOT ET RUE TOULLIER, 13

1900

THÈSE POUR LE DOCTORAT

DU
DÉLIT D'USURE

THÈSE POUR LE DOCTORAT

L'ACTE PUBLIC SUR LES MATIÈRES CI-APRÈS

sera soutenu le Mardi 19 décembre 1899, à 2 heures 1/2

PAR

Henri GEOFFRION

AVOCAT À LA COUR D'APPEL

Président : M. SALLEILLES *Professeur.*

Suffragants : { MM. LE POITTEVIN } *Professeurs.*
              { GARÇON   }

PARIS

LIBRAIRIE NOUVELLE DE DROIT ET DE JURISPRUDENCE

ARTHUR ROUSSEAU, ÉDITEUR

14, RUE SOUFFLOT ET RUE TOULLIER, 13

1900

A MON PÈRE

A MA MÈRE

INTRODUCTION

L'usure est le profit illégal qu'une personne tire d'une somme d'argent qu'elle a prêtée. Dans notre droit actuel, qui admet que l'on peut tirer d'une somme d'argent un profit légal, il y a profit illégal lorsque, en matière civile, le prêteur exige de l'emprunteur un intérêt supérieur à celui que la loi a fixé comme maximum.

L'usure peut n'être qu'une violation de la loi civile : Dans ce cas elle ne donne lieu qu'à une action civile (action en répétition ou en imputation) (1). L'usure peut être aussi une violation de la loi pénale.

Ce que nous nous proposons d'étudier c'est l'usure en tant que délit.

Avant d'aborder le délit d'usure, il est nécessaire de dire quelques mots de la situation particulière faite de tout temps au prêt de consommation portant sur l'argent. Nous parlerons, en premier lieu, de la légitimité du prêt à intérêt, en second lieu, de la question du taux de l'intérêt.

---

(1) Le prêteur à usure peut, outre la restitution, être condamné à des dommages intérêts (FUZIER HERMAN. *Codes annotés,* t. IV, p. 557.)

Plutarque, qui est surtout un moraliste, condamne le prêt à intérêt parce qu'il déplore que d'habiles usuriers exploitent les passions des riches pour les conduire à la ruine.

Ces philosophes n'ont compris ni le rôle du capital, ni celui du crédit. Ils n'ont pas vu, qu'en dehors de ceux qui empruntent pour consommer, pour satisfaire leurs besoins de luxe ou de débauche, il y a toute une classe d'emprunteurs qui trouvent dans le capital mis à leur disposition un instrument de travail, leur permettant de s'enrichir tout en indemnisant le bailleur de fonds. Ils font un vice de la capitalisation elle-même, et enseignent le mépris des richesses.

« Avant Aristote, dit M. Aug. Souchon dans son récent ouvrage sur « Les théories économiques dans la Grèce antique », aucun d'eux (des Grecs), n'a paru soupçonner la notion du capital. Au temps du stagyriste, l'idée est même encore si nouvelle, qu'il va manquer de mots pour l'exprimer ». Il nous dit seulement, en termes de nature à jeter quelque confusion dans l'esprit « que les instruments seuls sont de production, et que la propriété au contraire est d'usage ». Mais l'obscurité de la formule disparaît devant la clarté de l'exemple qui l'accompagne. C'est bien la distinction entre le capital et le stock (1). »

(1) Aug. Souchon. *Les théories économiques dans la Grèce antique*, p.91.

Aristote et Platon, en réalité, envisagent les choses beaucoup plus au point de vue moral qu'au point de vue économique. Ces philosophes semblent avoir nettement entrevu les idées de fraternité que le Christ devait préciser plus tard dans le « Mutuum date nihil sperantes » de son discours sur la montagne.

Aristote blâme l'avidité insatiable du commerce, il paraît n'admettre que l'échange à valeur égale et ne voir dans l'argent qu'un moyen de faciliter cette opération.

Platon a peut-être été jusqu'à la conception d'une humanité idéale, où les hommes s'aidant les uns les autres ne feraient pas de l'exploitation de leur prochain le but de leur existence, et la base de leur félicité.

« L'auteur des lois, dit M. Aug. Souchon, pensait que la créance (résultant du prêt) est un fait exceptionnel, explicable seulement par des relations d'amitié et que les coercitions du droit n'ont pas pour but de régler les rapports de la φιλία (1) ».

Sans aller jusqu'à l'idée de bienfait obligatoire, jusqu'à la notion de charité, Platon demande que chacun limite ses bénéfices, et que la loi ne laisse pas les trafiquants exploiter les autres citoyens.

« Il y a très peu de personnes, dit-il, qui, joignant une excellente éducation à un naturel heureux, puissent se contenir dans les bornes de la modération,

(1) Aug. Souchon. *Les théories économiques dans la Grèce*, p. 105.

lorsque le besoin et le désir de certaines choses se fait
sentir en eux, qui, lorsque l'occasion se présente de
gagner beaucoup d'argent, en usent avec sobriété, et
préfèrent l'honnête médiocrité à l'opulence. La plupart
des hommes tiennent une conduite tout opposée. Ils ne
mettent point de bornes à leurs besoins, et lorsqu'ils
pourraient se contenter d'un gain modeste, ils aspirent
à des profits sans mesure. Voilà ce qui, dans tous les
temps, a décrié la profession de revendeur, de trafi-
quant, d'hôtelier, et a été pour eux l'objet de reproches
honteux. En effet, si, par une loi qu'on ne portera
jamais, et qu'aux dieux ne plaise que l'on porte, on
contraignait ce que je vais dire est ridicule, je le dirai
cependant tout ce qu'il y a d'hommes de bien et de
femmes honnêtes en chaque pays de tenir hôtellerie,
d'exercer la profession de revendeur, ou de faire tout
espèce de trafic durant un certain temps, de telle sorte
qu'ils ne pussent s'en dispenser, nous connaîtrions
alors par expérience combien ces professions sont
chères et précieuses à l'humanité, et que, si elles étaient
exercées en tout honneur et sans reproche, on aurait
pour les personnes qui les exercent les mêmes égards
que pour une mère et une nourrice. Mais aujourd'hui,
les hôteliers, après s'être établis dans les lieux peu
fréquentés et traversés de tous les côtés par de longues
routes pour procurer aux voyageurs qui se trouvent
dans le besoin des secours longtemps désirés, ménager
un asile à ceux qui sont surpris par de violents orages

ou un abri contre la chaleur du jour. au lieu de les traiter en amis. d'exercer envers eux l'hospitalité et de leur offrir de bon cœur ce qu'on a coutume d'offrir en ces rencontres. les traitent comme des ennemis captifs, et en exigent une rançon exorbitante. injuste et impie.» (1)

Platon se rend d'ailleurs très bien compte de la faiblesse nécessaire de toutes les mesures législatives destinées à combattre la cupidité des spéculateurs. Il se propose simplement « d'apporter quelque remède sinon à tout le mal. du moins à une partie (2) ».

En résumé. ces prohibitions des philosophes concernant le commerce en général et celui de l'argent en particulier. n'ont été faites que dans un but moralisateur ; elles n'étaient pas en rapport avec les nécessités pratiques, et les mœurs. ainsi que la loi. n'en tinrent aucun compte : Le commerce de l'argent fut et resta très répandu en Grèce.

§ II. — LE DROIT CANONIQUE ET LE PRÊT A INTÉRÊT

La doctrine catholique est habituellement resumée dans les propositions suivantes :

Tout ce que le prêteur exige en sus de la restitution du capital est illicite.

Néanmoins. il peut se rencontrer dans le prêt des circonstances qui rendent parfaitement légitime la sti-

(1) *Les lois*. liv. IX (Trad. V. Cousin. p. 293).
(2) *Les lois*. liv. IX (Trad. V. Cousin. p. 291).

pulation d'intérêt : il existe d'autre part, en dehors du prêt, d'autres contrats qui permettent aux capitalistes de retirer un bénéfice légitime de leurs fonds.

Cette doctrine aboutit à la prohibition du prêt à intérêt pur et simple, considéré comme une stipulation immorale et défendue de Dieu, prohibition basée sur des textes de l'Ancien et du Nouveau Testament. L'Ancien Testament défend aux Juifs la pratique du prêt à intérêt à l'égard des autres Juifs leurs frères, la pratique de l'usure restant permise à l'égard des étrangers (1).

Dans le Nouveau Testament, le texte qui sert de principal argument et sur lequel repose toute la théorie du droit canonique est tiré de Saint Luc : « Si, dit-il, vous aimez ceux qui vous aiment, quel mérite avez-vous ? Les pêcheurs aiment ceux qui les aiment. Si vous faites du bien à ceux qui vous font du bien, quel mérite avez-vous ? Les pêcheurs eux-mêmes font du bien à ceux qui leur font du bien. Si vous prêtez à ceux dont vous espérez recevoir, quel mérite avez-vous ? Les pêcheurs prêtent aux pêcheurs afin de recevoir la pareille. Aimez plutôt, faites le bien et prêtez sans rien attendre en retour, et votre récompense sera grande, et vous serez le fils du Très-Haut, car le Très-Haut est bon même envers les ingrats et les méchants. » (2)

(1) DEUTÉRONOME, ch. 23, v. 19 et 20.
(2) SAINT LUC, VI, 34 et 35.

L'Eglise d'Orient, l'Eglise d'Occident, les Papes et les Conciles, soutenus par la presque unanimité des théologiens, ont considéré que ce texte établissait une règle obligatoire.

L'usure est défendue aux clercs par le premier concile de Nicée (325). Cette prohibition fut étendue plus tard aux laïques. Benoit XIV confirma au xviii siècle cette défense dans sa célèbre bulle : « Vix pervenit. » Gerson aimait mieux « voir quelques usures légères, que de voir les pauvres condamnés à voler où à vendre leurs biens à vil prix. » Il fut un des rares dissidents parmi les théologiens, qui pensaient en général que la règle elle-même avait été voulue par le Maître, et qu'elle pouvait en outre se justifier par les arguments de raison que nous allons simplement indiquer.

C'est d'abord l'argument d'Aristote. « L'argent est stérile de sa nature. » Nous l'avons déjà signalé. Il est basé sur un rapprochement inexact. En effet, s'il est évident qu'un sac de monnaie ne peut produire une pièce d'or comme une brebis parturie d'un agneau, il est non moins évident que celui à qui appartient ledit sac de monnaie peut s'en servir pour acquérir un instrument de travail, un moyen de production ou bien le prêter à un tiers qui en fera le même usage. C'est le capital prêté qui est rendu productif par l'industrie et l'emprunteur et non les pièces elles-mêmes. C'est le prêt de ce capital que paie l'emprunteur.

« Les scolastiques oubliaient que l'argent est non seulement l'équivalent de tous les effets mobiliers stériles comme lui, mais encore des fonds de terre qui produisent un revenu très réel, qu'il est l'instrument nécessaire de toute entreprise industrielle ou commerciale. » (1)

Le second argument est celui de saint Thomas d'Aquin, reproduit par Pothier. « L'on ne peut dans l'argent séparer l'argent lui-même de l'usage de l'argent. « L'emprunteur est devenu par le prêt propriétaire de la somme prêtée, il ne peut donc être question pour le prêteur de lui réclamer le prix de l'usage d'une chose qui ne lui appartient plus.

L'emprunteur est bien devenu propriétaire des deniers « Mais, dit Turgot, il n'est pas devenu propriétaire de la valeur que ces deniers représentent, cette valeur ne lui est confiée que pour un temps et pour la rendre à l'échéance. » C'est l'usage de cette valeur que le prêteur fait payer.

Le troisième argument est ainsi formulé : Le prêt à intérêt est illicite, parce qu'il est contraire à l'égalité commutative des contrats. Le principe dont on excipe est un principe de droit canonique qui n'a pas eu grand succès dans notre ancien droit français. Il est complètement écarté par notre droit actuel, dans lequel l'action en rescision pour cause de lésion n'est admise qu'à titre tout à fait exceptionnel. D'ailleurs, dans le cas du prêt à intérêt, ce principe n'est nullement violé.

(1) Turgot, *Mémoire sur les Prêts d'Argent* ch. XXIV.

Celui qui prête ne reçoit pas en échange l'équivalent de ce qu'il donne. On ne peut pas dire que la promesse d'une somme d'argent équivale à la remise de cette somme. Le prêteur subira une privation, courra des risques, faits qui justifient l'indemnité qu'il demande. On peut bien à la rigueur imaginer l'hypothèse où l'équivalence se réalise à peu près entre les deux prestations, mais ce n'est pas ce qui arrive la plupart du temps.

Pour ce qui est du texte de St-Luc lui-même, on n'est d'ailleurs pas d'accord sur son véritable sens. M. Batbie, suivant en cela les opinions précédemment émises par Calvin dans son commentaire sur la *Concordance des Troits Evangélistes* (1), et aussi plus tard par Turgot (2), ne veut voir dans le texte précité qu'un simple précepte de morale, un conseil donné par le Christ pour le juste qui veut arriver à la perfection et mériter la récompense de l'autre monde. Voici la remarquable argumentation de cet auteur « Ces mots *nihil inde sperantes* ne portent pas seulement sur *mutuum date*, mais aussi sur *diligete* et *benefacile*. Si vous prenez l'ensemble et le mouvement de la phrase, vous verrez que le sens est celui-ci : Pour aimer votre prochain ou lui rendre service, ne pensez ni à l'affection, ni au service que vous pouvez réciproquement attendre de lui, faites le bien pour le bien, et aimez votre prochain

(1) P. 118.
(2) *Mémoire sur les prêts d'argent* XXVII.

pour lui-même. Pris à la lettre et dans toute sa rigueur, ce texte ferait même un devoir à celui qui prête de ne pas exiger le remboursement du capital, car remarquez que le texte est absolu, et qu'il dit sans aucune distinction *nihil inde sperantes*. Pourquoi verrait-on dans ces termes la prohibition du prêt à intérêt, tandis que le capital continuerait à être exigible... Le Christ considère le placement chez les banquiers comme une sorte de pis aller, mais il ne l'interdit pas. 1 »

A l'appui de son opinion, M. Batbie cite la parabole du maître qui, étant parti en voyage et ayant confié des fonds à trois de ses serviteurs, complimente deux d'entre eux d'avoir fait fructifier le capital confié, et reproche au troisième de l'avoir enfoui dans le sol et laissé improductif : « Il fallait, dit-il, serviteur paresseux, porter l'argent chez les banquiers, et à mon retour, j'aurais trouvé le capital augmenté de l'intérêt. (2) »

M. Huc voit dans la prohibition du prêt à intérêt tout un système organisé par des classes dirigeantes perspicaces, soucieuses de conserver leurs priviléges, et préférant en user prudemment, qu'en tirer tous les profits possibles sans s'occuper du lendemain.

« Ces prohibitions et défenses, dit-il, étaient assez logiques à une époque où le sol, les capitaux, et les moyens de production étaient accaparés par une classe

(1) *Cours d'Économie politique*, p. 313, v 1.
(2) St-Matthieu XXV, v. 14 et s.

ou par une caste. Elles sont une manifestation utilitaire, intelligente du parti conservateur de l'époque. Pour sauver un vieil édifice et empêcher les intéressés de songer à contester les titres mêmes de ceux qui détenaient le sol et les capitaux les penseurs et les représentants de la loi civile comme de loi religieuse avaient condamné le prêt à intérêt et préconisé le prêt gratuit, alléguant la loi de charité et les devoirs d'humanité. Mais nulle part la classe privilégiée n'a suivi la direction qui lui était indiquée. Jamais les détenteurs des capitaux n'ont voulu admettre qu'on pouvait les empêcher de retirer de leur argent un produit périodique. Les plus timorés cherchèrent dans le contrat de constitution de rente le moyen d'échapper aux prohibitions légales, les autres s'entendirent avec les mercantis de tous les pays et imaginèrent avec eux des combinaisons longuement décrites par tous les auteurs pour arriver à percevoir, sous prétexte d'un *periculi pretium*, l'intérêt qu'ils ne pouvaient obtenir *propter usuram pecuniæ*. Cette évolution favorisa singulièrement le développement de la classe moyenne à qui devait revenir la direction de la société, mais n'apporta aucune amélioration au sort des classes en dessous, sauf sur quelques points une organisation plus savante de l'aumône (1) ».

Nous rappellerons enfin l'opinion un peu paradoxale

____

(1) *Commentaire du Code Civil*, t. XI, p. 240.

de Rossi : « Mon Dieu, disait cet auteur, ce texte sacré je le respecte fort, mais on l'interprète mal : *Mutuum date nihil sperantes*, cela veut dire simplement : Quand vous prêtez votre argent vous n'êtes jamais sûr qu'on vous le rendra ». Elle n'a que la valeur d'une boutade.

Quant à nous, nous pensons que le Christ a interdit le prêt à intérêt et l'a interdit dans un but de charité. La morale chrétienne ne fait que confirmer la tradition juive en la perfectionnant. Celle-ci dit aux Juifs : Vivez entre vous comme des frères et sachez que l'on ne pratique pas l'usure entre frères. Le Christ dit aux hommes : Vous êtes tous frères. Vivez comme tels. Aimez-vous. Aidez-vous. Vous serez ainsi heureux sur terre et mériterez de l'être dans la vie future.

Lorsqu'il a établi cette prohibition, le Seigneur proposait aux hommes d'atteindre le bonheur en vivant désormais selon sa loi divine. Cette défense de prêter à intérêt était une loi destinée à entrer dans le code de la société nouvelle, tout entière basée sur les idées de concorde et de charité, établie sans aucune préoccupation économique, sans aucune considération des rapports existant alors entre les hommes corrompus de l'empire païen. Les arguments de raison invoqués à l'appui du système canonique ne l'ont été qu'après coup.

Leur faiblesse n'entame en rien le système lui-même, qui a une base purement morale et de sentiment.

L'Église a d'ailleurs été ici d'une logique rigoureuse

avec sa mission. Elle n'avait pas à faire de concessions à l'esprit de lucre : ce qu'elle a cherché à établir, c'est un monde meilleur basé sur les principes nouveaux d'assistance et d'amour à l'égard du prochain.

Est-ce à dire que le système canonique s'est trouvé en contradiction formelle avec les besoins résultant pour les populations de la réalité des choses ? Non.

Pendant tout le moyen âge, c'est là un fait certain, la situation politique et intellectuelle de la masse ne permettait ni au commerce ni à l'industrie de se développer d'une façon normale. Si le prêt à intérêt eut été libre, on s'en serait surtout servi pour pratiquer le prêt de consommation, et fort peu pour pratiquer le prêt de production, le seul qui soit générateur de richesses. Tandis que, avec le système des prêts dissimulés, ce contrat n'était accessible qu'à certains. La difficulté de ces fraudes ingénieuses, les risques qu'elles faisaient courir en diminuaient la fréquence.

Nous croyons, d'ailleurs, que les socialistes qui attaquent l'intérêt de l'argent, prétendant n'obéir qu'à des considérations scientifiques, qu'à des arguments de raison, se basent eux aussi surtout sur des considérations sentimentales : la haine du capital tyran, le désir de substituer une société meilleure à la société actuelle.

Quoi qu'il en soit, il ne nous sera pas difficile d'établir que le contrat de prêt à intérêt, nécessaire aux besoins d'une société aussi avancée que la nôtre, est en outre légitime.

Pour compléter ce rapide aperçu de la doctrine de l'Église sur notre matière, nous allons dire, en quelques mots, quels sont les cas dans lesquels le droit canonique admit la stipulation d'intérêt dans un contrat de prêt, quelle est la posture prise par les théologiens catholiques en présence de l'évolution économique contemporaine.

Nous citerons ensuite les contrats qui ont toujours été considérés par l'Église comme permettant aux capitalistes de retirer un profit légitime de leurs fonds.

Ce qui est défendu par l'Église, c'est de prêter à intérêt lorsque le bénéfice que l'on réalise n'est justifié par aucune autre raison que le prêt lui-même, c'est le prêt lucratoire.

Celui qui prête une somme d'argent et qui, de ce fait ne subit aucune privation, aucun préjudice, qui, d'autre part, ne peut raisonnablement avoir d'inquiétude au sujet de son remboursement, étant donné la solvabilité certaine de l'emprunteur, celui-là ne doit pas faire payer le service qu'il rend, car c'est un devoir pour lui d'obliger son prochain.

Mais il en est autrement si au moins une des conditions que nous venons d'énumérer ne se trouve pas réalisée. L'Église, en effet, permet au prêteur d'exiger à titre d'indemnité un intérêt lorsque, par suite du prêt, ce dernier subit un préjudice quelconque, soit qu'il y ait préjudice proprement dit (*damnum emergens*) comme par exemple lorsque celui qui s'est dessais

de ses deniers, manquant d'argent pour faire faire
des réparations à sa grange, voit ses récoltes détério-
rées par l'eau du ciel, soit simplement que le prêteur, qui s'est démuni de fonds, se trouve empêché de
réaliser un bénéfice qu'il eût, sans ces circonstances,
certainement réalisé.

De même, lorsque celui qui à fait des avances a de
justes motifs de craindre de ne jamais être remboursé,
il a le droit de réclamer des intérêts ; c'est une sorte de
prime qui lui est allouée comme contre-partie des risques qu'il court.

Toutes les hypothèses dont nous venons de parler
sont celles du prêt compensatoire.

L'Eglise enfin permet le prêt à intérêt lorsque la loi
civile l'autorise. Pourquoi cette tolérance ? La question
a donné lieu à de nombreuses controverses.

En réalité l'Eglise ne subit pas purement et simplement la loi du prince, ce serait abdiquer ; elle ne peut
admettre en principe « que le pouvoir civil ait le droit
de rendre illusoires les défenses de ses pontifes. » Elle
reconnaît simplement que le pouvoir civil a sur ce point
le droit de se faire juge des besoins du peuple. Lorsque
le prince constate que, d'après les circonstances, le prêt
à intérêt est devenu généralement et légitimement praticable, l'Eglise, tout en se réservant un droit de contrôle et de veto, déclare en général s'en rapporter aux
décisions du pouvoir séculier.

C'est donc en se plaçant au propre point de vue de

sa doctrine, que l'on peut dire qu'aujourd'hui l'Eglise n'a plus les mêmes raisons de se montrer intransigeante.

En effet, contrairement à ce qui se passait au moyen âge, dans notre société actuelle la vie industrielle et commerciale est très active. Tout particulier peut sans grands efforts faire fructifier son argent. La petite épargne est sollicitée comme la grande, ce n'est pas la demande des capitaux qui manque. On peut déclarer d'une façon presque absolue que celui qui prête sans intérêt subit par cela même un préjudice, car il lui sera toujours très facile de faire un prêt lucratif. Rarement d'autre part l'emprunteur, que ce soit une société ou un simple particulier, pourra se dire complètement à l'abri des hasards de la fortune.

On peut donc affirmer d'une façon générale qu'aujourd'hui il y a presque dans tous les prêts d'argent au moins un des éléments exigé par le droit canonique pour que la stipulation d'intérêt devienne légitime.

L'Eglise admet-elle aujourd'hui que le prêt à intérêt soit légitime ?

La cour de Rome a été maintes fois appelée à se prononcer sur ce sujet. Elle n'a pas cru devoir le faire d'une façon absolue et s'est contentée de résoudre les cas spéciaux qui lui étaient proposés.

En réalité les catholiques même les plus scrupuleux se considèrent actuellement comme parfaitement en règle avec leur conscience lorsqu'ils pratiquent le prêt à intérêt dans les limites fixées par le code civil.

Nous croyons, et cela pour les motifs donnés plus haut, que l'Eglise pourrait sans inconvénient, et sans rompre avec sa tradition, décider que le prêt à intérêt est aujourd'hui légitime en principe. Ce contrat en effet qui a pu, à d'autres époques, être regardé à juste titre comme une spéculation odieuse, doit de nos jours être considéré comme un véritable acte de bienfaisance, toutes les fois que le prêteur n'exige qu'un intérêt modéré..

Si la doctrine canonique prohibait le prêt à intérêt, elle permettait aux capitalistes de tirer profit de leur argent en pratiquant certains contrats qu'elle considérait comme légitimement rémunératoires ; elle a admis de tout temps le prêt à la grosse et le contrat de change. Elle a d'autre part toujours vu d'un œil favorable le contrat de société.

L'Église a-t-elle fait une distinction entre le prêt civil et le prêt commercial ? Bien que la question soit controversée, nous croyons que non.

L'encyclique de Benoit XIV ne fait pas cette distinction.

Nous n'insisterons pas sur les procédés employés pour tourner la prohibition du prêt à intérêt.

Ces fraudes étaient fatales.

Nous citerons pour mémoire :

Le contrat de constitution de rente en perpétuel,

auquel le législateur moderne a restitué son véritable caractère, ce qu'avait déjà fait d'Argentré.

Le Mohatra, contrat par lequel « on achète des étoffes chèrement et à crédit pour les revendre au même instant et à la même personne ou à un tiers, argent comptant et bon marché. »

Rabelais nous raconte que Panurge, fait Châtelain de Salmigondin en Dipsodie, mangea son blé en herbe « en prenant argent d'avance, achetant cher, vendant à bon marché. » (1)

Joachim du Chalard, dans son commentaire sur les ordonnances rendues par suite des États généraux de 1560, nous parle de ce procédé frauduleux. « Si, dit-il, un povre gentilhomme ou autre s'adresse à ces marchands pour emprunter l'argent, ils luy diront qu'ils n'en n'ont point, mais qu'ils lui bailleront de la marchandise jusques à concurrence de la somme qu'il demande. » Ce genre de contrat est encore pratiqué d'une façon courante par les usuriers actuels, qui, sous le fallacieux prétexte d'un courtage en librairie, trouvent de malheureux emprunteurs à un taux qui varie de 120 à 200 %.

Enfin le triple contrat, « vente d'un plus grand gain espéré pour un profit moindre certain, » trop connu pour que nous y revenions.

Grâce à ces procédés habiles, dit Laurent, « on

_____
(1) RABELAIS. *Pontagruel*, t. III, ch. II, t. II.

gagnait le ciel tout en faisant fructifier ses capitaux au prix d'un mensonge ou d'une fraude pieuse (1). »

Nous venons d'exposer dans ses grandes lignes la théorie du droit canonique; nous allons maintenant examiner non moins succinctement la prohibition du prêt à intérêt dans l'école socialiste.

§ III L'ÉCOLE SOCIALISTE ET LE PRÊT A INTÉRÊT.

« Quand on pratique l'usure, peu importe, au point de vue de la moralité du fait, le taux de l'intérêt de la somme prêtée. Celui qui vole vingt francs est aussi coupable que celui qui en vole cent. Celui qui prête cent francs à cinq pour cent commet absolument le même acte que celui qui les prête à dix par exemple. Le crime d'usure, pour parler net, ne réside pas dans le fait de prêter à tel ou tel intérêt, il est dans le seul fait de prêter à intérêt. C'est ainsi du moins que pensent les socialistes (2). »

Les socialistes ont donc repris la thèse d'Aristote; leurs théoriciens invoquent même à l'occasion l'autorité des Pères de l'Église. Mais, tandis que les philosophes grecs ont condamné le prêt à intérêt parce que ce contrat répugnait à leur idéal moral, tandis que les canonistes ont pratiqué le même ostracisme au nom de l'idée de charité. c'est à un point de vue tout différent que se sont placés les socialistes : c'est au point de vue de la lutte contre le capital.

Au fond les canonistes voient dans le capital argent le capital par excellence. celui qui le cas échéant se prête le mieux à l'exploitation du pauvre par le riche. Ils ordonnent en conséquence à celui qui en est l'heureux et légitime détenteur de ne pas en abuser en exigeant des intérêts de ceux qui sollicitent un secours de ses mains. Ils lui commandent même d'aider le malheureux de ses derniers.

Les socialistes eux partent d'une autre idée. Ne concevant qu'une seule cause productrice de richesses. le travail. ils se déclarent les adversaires résolus du capital quel qu'il soit : argent. terre. maison. machine. Ce qu'ils défendent avec Proudhon. c'est de tirer profit d'un capital quelconque. Nous verrons que. depuis. ils sont allés plus loin. et que. logiques avec eux mêmes, ils ont été jusqu'au bout de leurs déductions. qu'après avoir prohibé le seul usage du capital. ils en sont arrivés à attaquer la possession même d'un capital, la propriété individuelle.

Proudhon semble, en effet. admettre sans difficulté la légitimité du capital individuel. Lorsqu'il nous dit : « La propriété c'est le vol » il veut dire : « Le travail et sa résultante sont justes, la fructification de cette résultante qui est le capital, et le monopole de cette fructification, voilà ce qui est injuste (1) ». Il condamne seulement le fait de vivre du revenu d'un capital acquis.

Le prêt à intérêt, en particulier, d'après ce philosophe, a pu, dans l'ancien temps, avoir sa raison d'être.

Il n'est plus admissible « aujourd'hui qu'il est devenu possible de centraliser démocratiquement le crédit et la circulation. » Le capital doit être productif pour tout le monde. Les capitaux avancés par les uns et les autres pouvant être considérés comme égaux, les intérêts que les hommes doivent se payer mutuellement peuvent être considérés comme égaux et se compensant. Il faut créer une Banque prêtant gratuitement ou ne prélevant que ses frais sans bénéfices. « Comme cela on arrivera à établir l'équilibre rompu par suite du prélèvement opéré par le capital, le travailleur verra sa fortune augmenter en raison directe de son travail, le capitaliste d'autre part voyant la sienne diminuer en raison directe de sa consommation improductive se verra obligé de travailler. » De ce système résultera un accroissement notable de la production et une équitable répartition de la richesse.

« Le travail étant seul productif, dit M. Beauregard en exposant cette théorie, le capitaliste n'a droit qu'à la restitution de son capital et l'ouvrier à qui toute la plus value doit revenir doit être mis à même avec son salaire de racheter son produit. S'il en était ainsi il y

(1) J. H. Mackay. *Anarchistes*, (Trad. Hessem, p. 155).

aurait équivalence parfaite de valeurs échangées entre le patron et l'ouvrier, chacun se rendant mutuellement des services équivalents » [1].

Proudhom exposa cette théorie dite du mutuellisme sous la forme de lettres parues dans la *Voix du Peuple*, journal socialiste (1849). Bastiat lui répondit dans la même feuille. Cette polémique parfois violente est restée célèbre [2].

« Le propriétaire qui possède deux domaines, disait notamment Proudhon, l'un à Tours, l'autre à Orléans, et qui est forcé de fixer sa résidence dans l'un qu'il exploite, par conséquent d'abandonner l'autre, ce propriétaire peut-il dire qu'il se prive de sa chose parce qu'il n'a pas comme Dieu l'ubiquité d'action et de domicile. Autant vaudrait-il dire que nous sommes privés du séjour de New-York parce que nous habitons Paris [3] ».

« Celui qui prête, répondit judicieusement Bastiat, ne se prive pas du capital qu'il prête. Il le prête au contraire parce que ce prêt ne constitue pas pour lui une privation... Il a créé ce capital par son travail justement pour le prêter. »

Bastiat ajoutait que si Proudhon eut été logique, il

(1) BEAUREGARD. *Economie politique*. p. 175.
(2) Collection des lettres publiées par Proudhon sous le titre de *Intérêt et Principal* et Bastiat sous le titre de *Gratuité du Crédit*.
(3) Troisième lettre.

eût dû empêcher un chapelier de tirer bénéfice de la vente de ses chapeaux, car il est bien évident que le chapelier qui vend un chapeau ne se prive pas de cet objet (1).

Nous n'essayerons pas de donner un exposé complet de cette controverse bien connue ; elle a perdu beaucoup de son intérêt depuis que le socialisme s'est arrêté à la négation pure et simple de la légitimité de la propriété individuelle : au collectivisme.

Ce que voulait Proudhon c'était la possibilité pour chacun de se procurer gratuitement les instruments de travail, au moyen de la création d'une banque de prêts gratuits, qu'il croyait possible.

Ce que veulent aujourd'hui les collectivistes, après les communistes, c'est arriver au même résultat par un autre moyen plus radical : la suppression de la propriété individuelle. Ils n'admettent pas que l'on puisse pactiser avec le capital. Il n'y a, d'après eux, qu'un seul moyen d'empêcher le capital d'exploiter le travail, c'est la mise en commun de la richesse accumulée, c'est la socialisation des moyens de production.

A leur avis le capital est un instrument de travail qui doit être le patrimoine commun de l'humanité, il faut que chacun l'ait gratuitement à sa disposition.

Pour atteindre ce but, on aurait recours à l'expropriation de la classe possédante qui ne doit sa situation

(1) Quatrième lettre.

prépondérante qu'à la spoliation dont a été victime le
producteur direct.

Avec le système collectiviste, à les en croire, ce serait
la véritable égalité. On ne verrait plus des hommes
vivre sans travailler grâce aux intérêts que leur rap-
porte leur argent ou aux revenus de leurs terres, c'est-
à-dire grâce au travail des autres. « Toute plus value,
en effet, quelle qu'en soit la forme particulière, profit,
rente, intérêt, est en substance le résultat d'un travail
non payé. Tout le secret de la faculté de faire des petits
que parait avoir le capital est dans ce simple fait que
le capital dispose d'une certaine quantité de travail
d'autrui qu'il ne paye pas. Ce sont les travailleurs qui
créent le profit des capitalistes en leur donnant plus
qu'ils n'en reçoivent 1. »

Supprimer la propriété individuelle, l'intérêt de l'argent, c'est supprimer l'accumulation de l'argent pour
l'argent, cette forme barbare de la production pour la
production 2, c'est le seul moyen de délivrer les pro-
ducteurs qui ne sauraient être libres qu'autant qu'ils
seront en possession des moyens de production 3.

Nous citerons pour terminer un passage du révolu-
tionnaire Kropotkine qui résume assez bien l'idée socialiste que le capital, quel qu'il soit, ne peut produire

(1) Gabriel DEVILLE, *Principes socialistes*, p. 113.
(2) Karl MARX, *Critique de l'Économie Politique*. (Trad. Remy,
p. 180).
(3) GUESDE et LAFARGUE, *Programme du parti ouvrier*.

pour un seul : « Tout est à tous. Nous défions qui que ce soit de nous dire quelle est la part qui revient à chacun dans les richesses. Voici un immense outillage que le xix° siècle a créé, voici des millions d'esclaves en fer que nous appelons machines et qui rabotent et scient, tissent et filent pour nous, qui décomposent et recomposent la matière première et font les merveilles de notre époque. Personne n'a le droit d'accaparer aucune de ces machines et de dire aux autres : « Ceci est à moi, si vous voulez vous servir de cette machine pour produire, vous me paierez un tribut sur chaque chose que vous produirez » pas plus que le seigneur du moyen âge n'avait le droit de dire au cultivateur : « Cette colline, ce pré sont à moi et vous me paierez un tribut sur chaque gerbe de blé que vous récolterez, sur chaque meule de foin que vous entasserez »... Tout est à tous, et pourvu que l'homme et la femme apportent leur quote part de travail pour produire les objets nécessaires, ils ont droit à leur quote part de tout ce qui sera produit par tout le monde (1) ».

Il nous reste à dire ce qu'il faut penser de ces doctrines et pourquoi le prêt à intérêt est un contrat légitime.

§ IV. — LÉGITIMITÉ DU PRÊT A INTÉRÊT

Aristote et les canonistes distinguaient le capital

(1) KROPOTKINE. *L'anarchie dans l'évolution socialiste*. p. 2.

argent du capital sous toutes ses autres formes. Cette
distinction est inadmissible. Le capital ne change pas
de nature lorsqu'il change de forme : l'on ne peut refuser à celui qui possède du numéraire ce que l'on
accorde au propriétaire foncier : le droit de tirer un
bénéfice de ce qu'il a.

En effet : voici un homme qui possède un capital
argent ; il a deux moyens de le rendre productif : Il
peut acquérir une machine, une bête de somme, une
maison, et la louer. Il peut, s'il le préfère, prêter directement son capital argent, et celui à qui il aura avancé
les fonds pourra acquérir lui-même la machine, la bête,
la maison dont il a besoin. Entre ces deux modes d'uti-
lisation du capital, il n'y a aucune différence fondamen-
tale, il n'y a aucune raison de distinguer. « Dans un
cas comme dans l'autre, il y a un capital qu'on applique à la production, dans un cas comme dans l'autre,
le possesseur légitime de ce capital se prive des jouis-
sances, des avantages qu'il peut en tirer pour en laisser
jouir un autre : il a donc, dans un cas comme dans l'autre, exactement le même droit à une part dans les profits. Les dissemblances portent sur des circonstances
extérieures et insignifiantes; malheureusement, ce sont
ces dissemblances qui ont servi de régulateur précisément parce que l'on n'avait pas pénétré jusqu'aux res-
semblances intimes et importantes. » (1)

(1) BAUDRILLARD, *Manuel d'Économie politique*, p. 378.

Nous avons vu, d'autre part, que la théorie d'Aristote et celle de l'Eglise étaient fausses, parce qu'elles méconnaissaient les besoins de la vie économique, que les conceptions de ces écoles avaient leur source dans un point de départ purement sentimental, et conséquemment aboutissaient à des solutions défectueuses parce que impraticables.

Il faut en dire autant de la théorie socialiste : c'est une théorie conforme à une tendance de sentiment, qui ne tient pas compte des nécessités de la vie réelle.

La société est évidemment loin d'être parfaite. Le spectacle de la misère et de l'injustice invite bien des penseurs à leur chercher un remède. Pressés d'aboutir à une rénovation prétendue libératrice, les socialistes présentent un terrain mieux préparé aux réformes utopiques, aux solutions radicales et hasardeuses, qu'aux conceptions réelles et pratiques.

L'idée primitive du socialisme est celle-ci : il faut supprimer les inégalités qui résultent de la richesse des uns et de la pauvreté des autres, et, pour cela, décréter l'improductivité du capital pour l'individu, prohiber, en conséquence, le prêt à intérêt.

Les arguments de raison n'ont été fournis qu'ensuite; l'idée première est une aspiration de sentiment. Le Christ nous parla de Charité, les premiers socialistes nous parleront d'altruisme.

Les socialistes actuels, il est vrai, renient énergiquement leurs précurseurs, raillent leur sentimentalité et prétendent baser leur système sur un fondement exclusivement scientifique.

« Les propositions théoriques des communistes ne reposent nullement sur des idées et des principes inventés ou découverts par tel ou tel réformateur du monde. Elles ne sont que l'expression en termes généraux des conditions réelles d'une lutte de classe existante, d'un mouvement historique évoluant sous nos yeux (1). »

« Ce qui caractérise par-dessus tout le socialisme moderne, dit M. Gabriel Deville, c'est qu'il sort directement des faits. Loin de reposer sur des jugements imaginaires, d'être une aperception plus ou moins utopique d'une société idéale, le socialisme n'est aujourd'hui que l'expression théorique de la phase économique actuelle de l'évolution humaine (2).

Nous sommes, il faut l'avouer, avec les théoriciens contemporains, bien loin des Fourier et des Cabet. Sommes-nous sortis des vues utopiques ? Nous ne le croyons pas.

Nous n'avons pas d'ailleurs l'intention d'aborder au fond la discussion de l'idée socialiste : c'est une question qui est aussi bien en dehors de notre cadre qu'en dehors de notre compétence.

Rappelons néanmoins ce passage de Louis Reybaud

---

(1) Karl MARX et ENGELS. *Manifeste du parti communiste,* p. 16.
(2) *Principes socialistes.* p. 1.

qui ne semble pas avec le temps avoir beaucoup perdu
de son exactitude : « En échange de notre monde réel,
les socialistes nous proposent des mondes de fantaisie ;
c'est le trait qui les distingue et en fait une famille à
part. Ils ont eu dans cette poursuite tant de précurseurs, qu'à les énumérer on écrirait l'histoire des aven-
tures de l'esprit humain. » (1)

Restant dans la limite de notre sujet, nous nous bornerons à parler de la légitimité du capital et de sa fructification. Nous indiquerons, en d'autres termes, pour
quelles raisons la propriété individuelle nous paraît
légitime, pourquoi nous croyons en outre que rien n'est
plus naturel et plus logique que de reconnaître au propriétaire d'un capital le droit d'en tirer profit.

La propriété individuelle est naturelle, instinctive ;
c'est un progrès sur le communisme des sociétés primitives.

« La propriété a suivi chez la généralité des peuples
un développement analogue à celui de la liberté....

Par un procédé d'émancipation lent mais ininter-
rompu, on est arrivé de nos jours à la propriété complète, absolue, qui reconnaît au propriétaire un plein
droit d'usage sur sa chose, et en outre, comme corollaire, le droit de transmission, le droit de don et l'hé-
ritage. » (2)

« La propriété libre est une conséquence rationelle

(1) *Dictionnaire général de la politique*, t. ii, p. 945.
(2) Leroy Beaulieu. *Traité d'économie politique*, t i, p. 535.

de la liberté individuelle : or, si l'on a pu dire du travail qu'il est la plus sacrée des propriétés, n'y aurait-il pas contradiction à contester que ce qui en est le fruit fut également un objet de propriété légitime ?

La propriété individuelle est la manifestation et en quelque sorte la projection de la personnalité humaine dans le domaine des choses, mais cette projection c'est le travail qui la trace et lui imprime un caractère juridique. « Toute propriété légitime dérive du travail, travail d'appropriation ou d'occupation véritable, aussi bien que du travail de transformation ultérieure (1). »

Le communisme, praticable dans une société primitive et disciplinée à l'excès, ne l'est plus dans une société avancée forcément individualiste. A supposer qu'il le fût, il aboutirait à l'anéantissement complet de l'individu au profit d'une bureaucratie tyrannique et aveugle, au plus odieux esclavage.

Le seul régime qui convienne à un état vraiment civilisé et libre est le régime de la propriété privée.

Nous disons que la propriété individuelle est légitime :

Tout d'abord ce qui est indiscutable et indiscuté c'est que le travailleur acquiert justement le produit de son travail.

Ce que l'on conteste c'est que l'homme puisse acquérir l'agent naturel nécessaire à la production « qui a-t-on

(1) CAUWÈS, *Précis du Cours d'Economie politique*, t. II p. 176.

dit, est un don de Dieu, que personne n'ayant la puissance de créer n'a le droit de confisquer à son profit. »

L'individu a le droit de posséder la matière première qu'il a travaillée, pour cela seul qu'en la travaillant, il l'a rendue chose utile, il l'a transformée.

Cette possibilité de s'approprier les choses, légitime en soi, est en outre nécessaire pour le bien-être de la masse. L'acquisition de l'agent naturel de production est une sorte de prisme, de prix de la course qui poussera le travailleur à produire plus que sa consommation immédiate, qui le conduira à consommer avec modération et méthode, à économiser, à constituer un capital de réserve.

La faculté d'acquérir l'agent naturel engendre la « cristallisation » en un capital fixe du travail patiemment accumulé. La société toute entière est intéressée à ce que la production soit plus active que la consommation, elle trouve donc son bénéfice dans cet encouragement à l'épargne.

L'aspiration à devenir capitaliste est un moteur de l'activité humaine que rien ne pourrait remplacer ; seul le travail libre peut assurer l'effort individuel dont l'humanité a besoin pour le bonheur de tous.

On objecte que ce régime de la propriété privée aboutit fatalement a de grandes inégalités sociales, à de grandes injustices. Nous ne le nions pas ; il est bien évident qu'étant donné l'inégalité d'aptitude et de moralité des hommes, les uns deviendront riches, et les autres resteront pauvres. Cela ne veut point du tout dire que la formule de répartition *à chacun selon ses œuvres* est injuste ; cela ne prouve qu'une chose c'est qu'elle est imparfaite, et a besoin de correctifs. C'est le législateur qui s'occupera de pallier ses conséquences trop injustes ; il protégera par exemple celui qui n'a que son travail pour vivre contre les abus possibles du capital, et s'occupera surtout de lui faciliter la capitalisation personnelle, il assistera d'une façon continue ceux d'entre les hommes trop déshérités par la nature pour être candidats capitalistes.

Mais si nous approuvons sans réserve la capitalisation honnête, nous n'approuvons que celle là, et nous trouvons même que la loi et les mœurs ne sont pas assez sévères contre ce que nous appellerons la capitalisation malhonnête, qui, elle, a son origine non dans le travail, mais dans une usurpation plus ou moins déguisée. Rien ne fausse plus la vie économique d'un pays, rien ne démoralise plus le travailleur que cette capitalisation malhonnête fruit de la spéculation. Il faut que le législateur protège l'épargne des humbles contre les cosmopolites qui la pillent et ont fini par se persuader que l'argent des simples est le patrimoine des agioteurs.

La propriété privée est donc légitime, nécessaire et sacrée, parce qu'elle est la résultante du travail, mais seulement dans la mesure où elle est cette résultante.

Que faut-il penser alors du droit que la loi reconnaît à un individu de posséder et d'exploiter un capital qui lui a été donné par un autre, dont il a hérité? Il est bien certain que dans ce cas la propriété n'est pas légitimée par le travail. Nous ne nous arrêterons pas longuement sur cette objection qui nous entraînerait trop loin. Nous dirons simplement que le droit dont s'agit est une conséquence, rigoureuse sans doute, mais toute naturelle, du droit de propriété qui est de son essence absolu ; si l'on admet pour l'individu le droit de propriété, on est forcé d'admettre comme conséquence le droit de se dépouiller de ses biens au profit de qui bon lui semble : « Ainsi on doit choisir avec l'hérédité ou le communisme (1) ».

Nous en arrivons maintenant à notre seconde proposition : Le propriétaire d'un capital peut en tirer profit ; par exemple celui qui possède une maison peut la louer, celui qui possède du numéraire peut le prêter à intérêt.

Tout travail a une valeur que peut réaliser celui qui l'a produit. Le capital n'est pas autre chose que du travail accumulé. Pourquoi refuser au travail accumulé ce que l'on ne refuse pas au travail, au moment même où il est produit : d'être une source de bénéfice pour le producteur ?

Celui qui met son capital à la disposition d'un autre, se prive de ce capital dont un autre tirera l'utilité ; c'est pour la privation subie qu'il exige une indemnité, et cette exigence n'a rien d'illégitime. Nous avons

(1) CAUWÈS, *Précis du cours d'Economie politique*, § II, p. 205.

exposé déjà la théorie de Proudhon : ce philosophe n'admet pas que, dans notre hypothèse, le capitaliste subisse une privation : on ne peut, dit-il, se prétendre privé d'une chose dont on n'a pas besoin. Cela est faux. On se prive par cela seul que l'on prête à autrui une chose dont on aurait pu faire un usage productif.

Dans le cas spécial du prêt d'argent, le capitaliste, outre l'indemnité qu'il a le droit de réclamer en compensation de la privation éprouvée, a le droit de demander une certaine somme comme prime pour les risques qu'il court de perdre son capital : ce second prélèvement est tout aussi normal que le premier. Nous conclurons donc que, comme c'est légitimement qu'un capitaliste tire profit de son capital, il n'y a aucune bonne raison pour s'opposer à ce que celui qui possède du numéraire prête à intérêt.

Mais une autre question se pose : le législateur ne doit-il pas réglementer un contrat qui, comme celui dont nous parlons, peut devenir entre les mains de gens peu scrupuleux un instrument d'exploitation de l'adversité, une cause permanente de trouble social : ne doit-il pas fixer lui-même le prix de l'argent afin de prévenir les excès de l'usure ? C'est ce que nous allons examiner dans le chapitre suivant.

II

Le taux de l'intérêt.

—————

C'est à l'époque de la Révolution et sous l'influence des Économistes, que notre législateur fit disparaître les anciennes prohibitions, et admit la légitimité du prêt à intérêt d'une façon formelle.

La loi des 3-12 octobre 1789 s'exprimait ainsi : L'Assemblée nationale décrète que tous les particuliers, corps, communauté, et gens de main-morte, pourront à l'avenir prêter de l'argent à terme fixe, avec stipulation d'intérêt suivant le taux déterminé par la loi, sans entendre rien innover dans les usages des différentes places de commerce. Cette loi reconnaissait la légitimité du prêt à intérêt et se prononçait pour la limitation du taux.

La législation intermédiaire supprima peu après la limitation du taux qu'elle avait d'abord maintenue. L'article de la loi du 5 thermidor an IV, qui fut le dernier texte promulgué sur ce point, était ainsi conçu : « A dater de la publication de la présente loi, chaque citoyen sera libre de contracter comme bon lui semblera ; les obligations qu'il aura souscrites seront exécutées dans les termes et valeurs stipulés. La jurisprudence concluait de cette disposition que la liberté des parties au sujet du taux de l'intérêt était maintenue. » (1).

L'époque de notre droit intermédiaire était en vérité peu propre à l'essai de ce système hardi, exact, mais reposant tout entier sur une théorie qui suppose pour sa mise en pratique un état de normalité économique.

Les résultats furent déplorables, et l'usure, surtout dans les campagnes, exerça ses ravages. Le législateur dut songer à remédier à l'état de choses existant. Le code civil s'était contenté d'exiger que le taux de l'intérêt fut ouvertement avoué, qu'il fut fixé par écrit, « il avait laissé toute liberté dans les stipulations, seulement il déclarait que la fixation du taux de l'intérêt restait dans le domaine du législateur » (2). Le législateur usa du droit qui lui avait été réservé, et, sur le rapport de Jaubert, la loi du 3 septembre 1807 fut votée.

Le remède que la loi de 1807 résolut d'apporter à l'usure est celui qui a tout d'abord été presque universellement employé, dès le jour où, la légitimité du prêt à intérêt ayant été reconnue, on se décida à lutter contre la malhonnêteté des bailleurs de fonds. Il consiste en deux mesures qui se complètent. Premièrement la limitation du taux, c'est-à-dire la fixation d'un maximum d'intérêt qu'il est interdit aux prêteurs de dépasser.

(1) BAUDRY et WAHL. *De la société, du prêt et du dépôt.* p. 429.
(2) Rapport de Jaubert. *Moniteur universel* du 26 août 1807.

Deuxièmement la punition de celui qui prête habituellement au-delà du taux légal comme coupable du délit d'usure. L'idée de répression de l'usure a donc été, dès le début, étroitement liée à l'idée de limitation du taux. « Le plus souvent, dit M. Cauwès, la législation répressive a été le corollaire du maximum (1) ».

Aujourd'hui le législateur a une tendance marquée à s'éloigner de ce système, à proclamer la liberté de la stipulation d'intérêt et à supprimer les lois de maximum. Il reconnait néanmoins souvent qu'il est nécessaire de définir et de punir l'usure en tant que délit ; seulement le délit d'usure cesse d'emprunter sa criminalité au fait de violer un maximum légal ; sa définition est cherchée ailleurs : exploitation de l'ignorance ou de la misère de l'emprunteur. Notre législation française est d'ailleurs sur ce point fort en retard.

Le seul point que nous nous proposons d'examiner dans ce paragraphe est la question du taux. Nous exposerons la théorie qui nie que l'argent soit une marchandise et approuve la limitation du taux de l'intérêt, celle qui admet que l'argent est une marchandise et demande la liberté du taux. Nous nous demanderons ensuite ce qu'il faut penser de cette controverse.

(2) Cauwès. *Économie politique*, t. III, p. 234

§ 1. — THÉORIE DES PARTISANS DE LA LIMITATION DU TAUX DE L'INTÉRÊT.

Voici en quelques mots ce que disent les partisans de cette théorie.

Nous ne prétendons pas que tous les emprunteurs soient des faibles d'esprit, des misérables ou des débauchés. Seulement, nous croyons que l'on peut soutenir sans parti pris que, le plus souvent, le besoin qu'ils ont d'emprunter est beaucoup plus impérieux que celui de prêter qu'éprouve leur cocontractant, et que, par ce seul fait, ils se trouvent dans un état d'infériorité qui appelle l'attention de la loi, protectrice des faibles. On peut même dire que, dans certains cas, l'emprunteur se trouve à la merci du prêteur.

Ce que la loi doit chercher à éviter, c'est que le prêteur n'abuse des besoins de l'emprunteur pour lui imposer des conditions ruineuses que ce dernier se verrait obligé d'accepter. Or, un excellent moyen d'arriver à ce résultat, est celui qui consiste à imposer au prêteur un taux moyen qu'il ne pourra dépasser. C'est le système adopté par la loi française, il doit être conservé. La loi de maximum évidemment ne supprime pas complètement la pratique de l'usure, ses résultats néanmoins sont très bons. Elle diminue le nombre des usuriers en gênant leur métier.

Qu'arriverait-il si on établissait la liberté du taux ? Il arriverait ce qui est arrivé dans les différents pays qui ont accompli ce prétendu progrès : on constaterait immédiatement une recrudescence de l'usure. En effet une foule de gens, considérant le métier d'usurier comme réhabilité, se livreraient à des pratiques qu'ils considèrent aujourd'hui comme impossibles. Le nombre des usuriers serait triplé, sans que l'on puisse attendre rien de bon de cette concurrence de vautours.

La loi du maximum a un autre avantage. On peut dire avec Valette que « comme généralement la conduite des prêteurs se conforme à la loi, la loi qui règle le taux de l'intérêt établit un certain niveau inférieur et le maintient. »

Que l'on ne nous oppose pas ici le principe sacré de la liberté des conventions. « Est-ce qu'on laisse libre carrière à la spéculation sous quelque forme qu'elle se manifeste (1) ».

Enfin on peut donner en faveur de la limitation du taux de l'intérêt une raison qui suffirait au besoin à elle seule pour justifier cette mesure législative : c'est que l'argent ne peut être considéré comme une marchandise ou du moins ne peut être traité comme une marchandise ordinaire.

Le numéraire est surtout destiné à servir d'instrument d'échange. Il a une valeur plus artificielle que

(1) Discours de M. BOVIER-LAPIERRE, *Journal officiel*, Chambre 14 mars 1882. p. 307.

réelle, parce que c'est la frappe officielle qui la détermine. Dans un intérêt d'ordre public il doit être soustrait aux influences multiples qui font varier le prix des marchandises communes. Il doit avoir un produit limité.

Lors de la discussion au Sénat du projet qui devait aboutir à la loi de janvier 1886, M. Marcel Barthe s'exprimait à peu près en ces termes : « L'argent n'est pas une marchandise. Le décret de 1793, qui n'est pas bien net, n'a pas déclaré que l'argent *est* une marchandise, il *considère* l'argent comme une marchandise. Une marchandise c'est un produit naturel ou un produit du travail de l'homme. Plus ou moins abondant, il subit la loi de l'offre et de la demande. L'argent n'est pas une marchandise, car ce n'est ni un produit naturel, ni un produit du travail de l'homme, c'est une valeur nominale indépendante de sa matière, c'est une valeur conventionnelle. On peut, à la rigueur, se passer d'une marchandise, car on peut remplacer une marchandise par une autre. On ne peut pas se passer d'argent lorsque l'on doit payer ce que l'on doit. Dans ces conditions, admettre la liberté du taux de l'intérêt, c'est livrer sans défense le petit commerce aux griffes des usuriers 1 ».

La même thèse avait été soutenue par M. Bovier

(1) *Journal officiel* du 2 décembre 1885, Sénat, p. 1213.

Lapierre lors de la discussion du même projet de loi à la Chambre en 1882.

« Vous possédez, dit-il, un champ, une vigne. Quelle que soit la bonne culture que vous donnerez à cette propriété, vous aurez toujours un produit limité facile à apprécier, à déterminer approximativement, et c'est dans ces conditions qu'interviendra en toute liberté le contrat de location pour l'exploitation de ce champ, de cette vigne par un tiers, le contrat de travail pour la mise en œuvre de la propriété... Il n'en est plus ainsi d'une valeur qui n'est qu'une valeur, de convention, une valeur d'échange. A ce point de vue, le législateur s'est occupé d'en fixer la valeur, et dans la même mesure le législateur a dû fixer quel serait le maximum d'intérêt, le maximum de produit que le capitaliste pourrait obtenir de cette valeur, sous peine de ne laisser aucun autre produit à ceux qui seront chargés de mettre le capital en valeur » (1).

L'orateur pensait que si, à certains points de vue, on peut considérer l'argent comme une marchandise, on doit admettre que ce n'est pas une marchandise ordinaire, et que le législateur doit intervenir dans le contrat qui lie l'emprunteur, pour protéger ce dernier.

Nous allons maintenant examiner l'opinion adverse.

(1) *Journal officiel* du 14 mars 1882. Discours de M. Bovier-Lapierre.

§ II. — THÉORIE DES PARTISANS DE LA LIBERTÉ DU TAUX

Ceux qui soutiennent ce système disent :

Le véritable régime du prêt à intérêt est le régime de la liberté. c'est celui qui est le plus favorable aux intérêts des emprunteurs et à ceux de la société. qui est le plus conforme aux vrais principes de la science économique.

On prétend que la limitation du taux est une mesure de protection. qu'elle empêche les usuriers d'exploiter les besoins des petits emprunteurs.

C'est une erreur. La limitation du taux est au contraire une des causes génératrices des abus de l'usure. Qu'arrive-t-il en effet. lorsque le prêteur ne trouve pas le taux légal assez élevé pour compenser les risques courus, et que. d'autre part. en honnête homme qu'il est. respectueux des prohibitions légales. il ne veut pas violer la loi ? Il s'abstient. L'emprunteur est donc obligé de s'adresser à des gens moins scrupuleux, à des usuriers de profession. Ceux-ci, relativement peu nombreux, auront d'autant moins à craindre la concurrence. que le contrat sera passé en secret autant pour la bonne renommée de l'emprunteur, qui ne tient nullement à ce que l'on sache qu'il en est réduit à traiter avec de pareils gens. que pour la sûreté du prêteur qui ne manquera pas non plus de réclamer la discrétion.

L'usurier profitera en outre des circonstances pour réclamer, en plus des risques du capital, une indemnité pour couvrir ceux de la police correctionnelle. Ce système n'aboutit-il pas à aggraver singulièrement la situation de celui qu'il prétend protéger. C'est le pavé de l'ours, a-t-on dit.

Dans notre société qui fait tant de cas des individus, qui leur donne le titre de citoyen et les prérogatives d'électeur, ne peut-on pas aussi trouver étrange cette protection à outrance qui semble considérer l'homme comme un mineur et qui vient substituer sa règle à la volonté libre de chacun ?

D'autre part, dit M. Truelle, l'auteur de la proposition qui, tronquée, devait aboutir à la loi de 1886, « la limitation du taux de l'intérêt conduit à la paralysie industrielle, à la privation de l'élément le plus nécessaire au travail » (1).

Le taux fixé par la loi comme taux maximum est « nécessairement, dans chaque cas particulier, trop fort ou trop faible, parce qu'il n'est qu'un taux moyen » il est donc injuste.

La fraude, enfin, est tellement facile que l'efficacité de la loi est toute illusoire. Rien en effet n'empêche le prêteur de faire reconnaître à l'emprunteur le versement d'un capital supérieur au capital versé. Le procédé est d'usage courant.

(1) Discours à la Chambre, *Journal officiel* du 12 mars 1882, p. 289.

Ne peut-on pas dire aussi que cette règle du maximum est une erreur économique. La loi de 1807 est si peu conforme aux nécessités de la vie sociale qu'elle est restée constamment inapplicable et violée. L'État qui aurait dû montrer l'exemple a la plupart du temps, emprunté à un taux usuraire. Nous ne citerons que pour mémoire les exceptions à la loi apportées par les décrets de 1814, l'ordonnance de 1835 sur l'Algérie, et les dispositions concernant les avances faites par la Banque de France et les prêts consentis par les Monts-de-Piété. Tout cela montre bien que le législateur n'a aucun pouvoir sur le taux de l'argent.

Pourquoi en est-il ainsi? Parce que l'argent est une marchandise, dont le prix varie comme celui de toute autre marchandise, dont le prix peut se constater, mais non se commander.

On ne peut fixer d'une façon générale le taux de l'intérêt, car ce taux représente le prix essentiellement changeant de la jouissance momentanée d'un capital. L'intérêt, nous le savons, comprend une double indemnité : une indemnité allouée au prêteur pour la privation qu'il éprouve, une prime d'assurance pour les risques qu'il court. Le premier de ces deux éléments varie constamment, car il est soumis à la loi générale des marchandises, à la loi de l'offre et de la demande. Pour ce qui est du second, même instabilité. Il est évident qu'un prêt fait à un homme très solvable est beaucoup moins hasardeux et par conséquent beaucoup moins cher qu'un prêt fait à un fondateur de maison, qui n'a pour toute fortune que son industrie.

Il n'est donc pas raisonnable de vouloir fixer un taux unique s'appliquant à tous les prêts ; le taux doit pouvoir varier sans contrainte.

Le capital n'est qu'un instrument de travail comme un autre, comme une machine, comme une voiture, c'est même l'instrument de travail par excellence parce qu'il permet de se procurer sans difficulté tous les autres. Son prix ne doit pas être fixé par la loi, car il n'y a aucune raison de distinguer le capital argent du capital quel qu'il soit. « Les capitaux mobiliers ne sont pas d'une nature différente des capitaux immobiliers. Ils viennent s'incorporer à la terre et en augmenter les produits. Immobilisés dans le sol, ils en accroissent les revenus. (1) »

« On ne peut s'expliquer, dit Baudrillart, l'existence des lois limitatives du taux de l'intérêt, que par de grandes confusions sur la nature du prêt et sur le rôle de l'argent. Ces lois n'eussent pas eu la moindre raison d'être, si on s'était rendu compte de cette vérité que l'argent n'est qu'un instrument de travail ou de jouissance analogue à un champ, à une maison, à tout autre capital en un mot. Craint-on que les loueurs n'abusent des locataires ? Alors il faut régler le prix de toute espèce de fermage et de loyer. Bien plus les commer-

(1) Léon Say. Discours du 13 mars 1882, Chambre.

çants peuvent profiter aussi du monopole qu'ils ont de certaines denrées, pour en obtenir un prix qui paraîtra fort onéreux à l'acheteur ; il faut les soumettre à un maximum. Le fer et le blé par exemple ne devront plus se vendre au delà d'un certain taux (1). »

M. Truelle vint soutenir en 1882 devant la Chambre la théorie de l'argent marchandise. Il invoqua l'autorité de Bentham, Adam Smith, Jean-Baptiste Say, Bastiat et cita ce passage de Turgot : « L'argent est une marchandise : la loi ne peut intervenir pour stipuler le taux de l'intérêt. Le taux doit être comme le prix de toute chose fixé par le débat entre les deux contractants, par le rapport de l'offre et de la demande, et par les risques à courir par le capital. Fixer le taux de l'intérêt, c'est priver de la ressource de l'emprunt quiconque ne peut offrir une sûreté proportionnelle à la modicité de l'intérêt fixé par la loi, c'est donc rendre impossibles une foule d'entreprises, de travaux qui ne peuvent se faire sans risque du capital. »

« L'argent, ajouta M. Truelle, est une marchandise que ses qualités particulières ont fait adopter comme intermédiaire des échanges. L'argent est une marchandise : il se vend, il s'achète, il se loue. Laissez librement s'opérer toutes ses transactions. Même sous la forme d'une monnaie, l'argent a sa valeur propre en lui-même. Il fonctionne toujours comme une marchan-

_____

(1) BAUDRILLART. *Manuel d'Économie politique*, p. 386.

disc ; tantôt rare, tantôt abondant, sa valeur, comme celle de toute autre marchandise, varie suivant l'offre et la demande, suivant les risques à courir, suivant les besoins qu'on éprouve, suivant les quantités en circulation. (1) »

C'est également pour le système de l'argent marchandise que se prononce M. Leroy-Beaulieu. Voici ce que le célèbre économiste dit à ce sujet : On a déclaré que la monnaie n'était pas une marchandise parce qu'elle ne donne pas d'utilité directe, on pourrait en dire autant d'une charrette ; elle ne sert qu'indirectement. Supposons une société se servant d'une monnaie quasi idéale, et n'ayant que le minimum de substratum matériel, une société dans laquelle la monnaie serait de papier non convertible en monnaie métallique. La monnaie ainsi conçue n'en serait pas moins une marchandise. « Elle vaudrait par le besoin, le désir de l'acquérir et par sa difficulté d'acquisition. (2) ».

Nous venons d'exposer la théorie de la limitation et celle de la liberté du taux. Nous allons dire qu'elle est celle qui nous paraît préférable.

(1) Discours de M. TRUELLE. *Journal Officiel* du 12 mars 1882. Chambre

(2) LEROY-BEAULIEU. *Économie politique,* t. III, p. 131.

§ III. — CONCLUSION.

Nous croyons que l'on peut en principe décider que le meilleur régime est celui de la liberté du taux, quitte à en pallier les inconvénients en punissant sévèrement les faits d'usure. Le *délit* d'usure serait alors défini en dehors de l'idée de maximum : on pourrait par exemple le faire consister dans le fait d'abuser de la situation malheureuse d'autrui, pour lui faire contracter des engagements ruineux et manifestement hors de proportion avec le service rendu et la privation subie.

La liberté en effet semble bien être le régime qui réponde le mieux aux vrais principes, d'après lesquels l'argent doit être considéré comme une marchandise.

Seul ce régime permet au taux de se fixer d'une façon naturelle, de s'élever ou de s'abaisser suivant les circonstances, de subir la loi de l'offre et de la demande qui, si les capitaux sont abondants, amène sûrement le bon marché du crédit (1).

Le système de la liberté d'autre part est nécessaire au commerce, à l'industrie, à l'agriculture. Il fait affluer les capitaux, qui se risquent beaucoup plus facilement, lorsqu'ils peuvent sans craindre réclamer le

(1) Ce qui est arrivé en Angleterre et en Hollande, où le taux est libre.

juste prix des risques courus. Il est en outre en rapport avec les idées modernes essentiellement libérales.

Enfin, disons nous, la liberté du taux n'exclut pas la protection des emprunteurs.

Si, pour une raison quelconque, on considère qu'une contrée n'est pas apte à jouir du régime de liberté absolue, on peut prendre certaines mesures destinées à combattre les manœuvres usuraires.

Ces mesures possibles sont de deux sortes : d'abord c'est le système de répression pénale dont nous avons déjà parlé. Nous verrons qu'en Allemagne par exemple où le taux est libre, les usuriers peuvent être sévèrement condamnés.

Ensuite, c'est un ensemble de mesures indirectes tendant à enlever aux usuriers leur principale et plus naïve clientèle : développement de l'instruction dans les campagnes, création du crédit rural pratiqué par l'État lui-même dans les meilleures conditions possibles, etc.

La protection qui résulte du maximum est tout à fait illusoire ; il est très difficile d'atteindre l'habitude d'usure et les poursuites sont très rares.

Nous ne prétendons pas que le nouveau mode de répression puisse donner de bien meilleurs résultats que l'ancien. (L'usure échappe souvent aux mesures répressives, c'est un fait constant ; les meilleures lois que l'on édictera contre elle ne sont pas celles qui cher-

cheront à l'atteindre directement. Nous soutenons seulement qu'une loi pénale, telle que celle que nous préconisons, tout en ayant l'avantage d'écarter la gêne du maximum, serait tout aussi efficace que notre loi actuelle.

Nous répondrons, pour terminer, à l'objection que nous avons simplement énoncée plus haut, objection que l'on oppose immédiatement à tout système admettant d'une façon quelconque la liberté du taux.

On dit : lorsque l'on a proclamé la liberté du taux dans certains pays, on a constaté immédiatement une recrudescence de l'usure et l'on s'est souvent demandé dans ces pays, si l'on ne ferait pas mieux d'en revenir au système de la limitation.

On ne peut nier que dans certains milieux la liberté absolue soit un régime dangereux, que son avènement ait produit quelque désordre. Mais ce fait en lui-même ne prouve qu'une chose: qu'il est nécessaire dans certains pays d'établir une sanction pénale de l'usure, il ne prouve nullement qu'il faille, dans ces pays, en revenir à la loi du maximum, et supprimer la liberté du taux.

LE DÉLIT D'USURE

Dans notre droit français, ce qui constitue le délit pénal d'usure, c'est l'habitude chez un prêteur d'exiger un intérêt supérieur au taux maximum que la loi lui interdit de dépasser en matière civile, 5 %.

C'est donc tantôt un délit civil, tantôt un délit pénal, qui résulte de la pratique de l'usure : un délit civil, lorsqu'il y a fait isolé d'usure, un délit pénal lorsqu'il y a faits réitérés d'usure.

Rappelons tout d'abord et brièvement ce qu'il faut entendre par délit civil et par délit pénal.

Le délit civil est un fait illicite qui porte préjudice à un particulier et, pour cette cause, donne naissance à une action civile en indemnité.

« Il n'existe, dit M. Garraud, que par le préjudice, et la loi civile n'intervient que pour consacrer et organiser le principe de la réparation au profit de la personne lésée. Le délit pénal, au contraire, existe par cela seul que le fait prévu par la loi a été commis, sans qu'il soit nécessaire de prouver qu'il a causé un préjudice (1) ».

Le législateur ne punit d'une peine et ne range parmi les délits que certains faits qui lui paraissent être une

(1) GARRAUD. *Précis de droit criminel.* p. 54.

cause de trouble social, une atteinte à la société elle-même.

« La loi pénale n'incrimine pas tous les actes qui portent atteinte aux droits d'autrui, même lorsqu'ils sont commis avec l'intention de nuire. Par exemple, les faits de dol, tels que le stellionat (C. Cv. art. 2059), le recel d'effets dépendant d'une succession ou d'une communauté (C. Cv. art. 792 et 1477) qui ne rentrent dans les termes ni de l'escroquerie, ni du vol, sont des délits de droit civil sans être des délits de droit pénal » (1).

Tant que le fait d'usure reste isolé, il conserve le caractère de fait ne lésant qu'un intérêt particulier, le caractère de délit civil ne donnant naissance qu'à une action civile en indemnité.

Lorsque le prêteur se livre habituellement à l'usure la loi considère que sa conduite devient dangereuse pour l'ordre social. C'est un exemple qu'il ne faut pas que l'on suive. Le législateur intervient donc par une prohibition sanctionnée d'une peine.

Nous donnerons d'abord un aperçu historique du délit d'usure, puis nous étudierons ce délit dans le droit français et les principales législations étrangères, ce qui nous amènera à diviser notre travail en trois chapitres :

I. — Aperçu historique sur le délit d'usure.

II. — Le délit d'usure en droit français.

III. — Le délit d'usure en droit comparé.

(1) GARRAUD. *Précis de droit criminel*, p. 54.

CHAPITRE I

Aperçu historique sur le délit d'usure

§ 1. — LES ANCIENS

Chez les Hindous. le prêt à intérêt était permis. Il était réglementé par la loi, mais aucune peine n'était édictée contre les usuriers.

Les Prêtres et les Guerriers (Brahmanes et Kcha-triyas) qui composaient les castes supérieures, les classes dirigeantes, avaient pour devoir de s'abstenir du commerce et de l'agriculture. Il leur était particuliè-rement défendu de se livrer au commerce de l'argent, spéculation qui, chez les anciens. a été souvent consi-dérée comme le mercantilisme le plus incompatible avec les vertus particulières dont les hautes classes doivent être imbues.

Néanmoins, les Prêtres et les Guerriers. qui, en tout temps, prêtaient à intérêt par personnes interposées, pouvaient, dans les moments de crise, jouer ouverte-ment le rôle de prêteurs.

Voici, d'après la loi de Manou. quel était le régime du prêt à intérêt chez les Hindous :

« Un prêteur d'argent, s'il a un gage, doit recevoir en sus de son capital l'intérêt fixe par Vasichtha, c'est-à-dire la quatre-vingtième partie du cent par mois, ou un et quart. Ou bien, s'il n'a pas de gage, qu'il prenne deux du cent par mois, se rappelant les devoirs des gens de bien, car, en prenant deux du cent, il n'est pas coupable de gain illicite. Qu'il reçoive deux du cent pour intérêt par mois mais jamais plus d'un Brahmane, trois d'un Kchatriya, quatre d'un Vaisya et cinq d'un Soudra suivant l'ordre direct des classes ». (1).

La loi des Hindous fixe donc une taux légal et maximum, auquel les prêteurs doivent se conformer. Ce taux varie avec la qualité de l'emprunteur. Les castes inférieures doivent payer un intérêt plus élevé que les castes supérieures. Il varie, d'aure part, suivant que le débiteur a ou non fourni un gage à son créancier.

La loi de Manou prévoit même, en cas de prêt sur gage, la fraude possible, et l'évite en établissant une compensation légale obligatoire. « Si, dit-elle, un gage comme un terrain ou une vache est livré au créancier avec permission d'en profiter, il ne doit point recevoir d'autre intérêt pour la somme prêtée (2). » En d'autres termes, si la chose donnée en gage par le débiteur est frugifère, le prêteur nanti devra se contenter de

(1) Loi de Manou. Trad. Loiseleur Deslonchamps, l. viii, nᵒˢ 140-141-142.

(2) Loi de Manou. Trad. Loiseleur Deslonchamps, l. viii, nᵒ 143.

la jouissance du gage, et ne pourra réclamer d'intérêt. (1).

« L'intérêt d'une somme prêtée, reçu en une seule fois et non par mois et par jour, ne doit pas dépasser le double de la dette, c'est-à-dire ne doit pas monter au-delà du capital que l'on rembourse en même temps ; et pour du grain, du fruit, de la laine ou du crin, des bêtes de somme prêtées pour être payées en objet de valeur, l'intérêt doit être au plus assez élevé pour quintupler la dette. » (2). Le capital prêté ne peut donc, en aucun cas, s'il s'agit de prêt d'argent, s'accroître de telle sorte que l'emprunteur puisse être obligé à verser au prêteur, en une seule fois, plus du double de ce qu'il a reçu.

Remarquons aussi incidemment qu'ils pratiquaient le prêt à la grosse d'une façon courante, tant pour les transports terrestres, que pour ceux qui se faisaient par navire.

Nous citerons enfin le texte suivant qui montre que, bien que le taux ait été réglementé, le délit d'usure n'existait pas chez ce peuple. « Un intérêt qui dépasse le taux égal, et qui s'écarte de la règle précédente, n'est pas valable, les sages l'appellent procédé usuraire, le prêteur ne doit recevoir en plus que cinq du cent (3) ». Lorsque le taux légal a été dépassé, le prêteur n'est donc frappé d'aucune peine, la convention elle même

(1) Comparer. Art. 2085, C. Cv., al. 2.
(2) Loi de Manou. Trad. L. D., l. VIII, nᵒ 151.
(3) Loi de Manou Traduct. L. D., l. VIII, nᵒ 152.

n'est pas annulée. Le taux est simplement abaissé et ramené à l'intérêt normal, fixé par la loi.

Chez les Juifs, au contraire, nous trouvons le délit d'usure.

De nombreux textes de la Bible défendent expressément aux Juifs de recevoir de leurs concitoyens, leurs frères, un intérêt quelconque comme prix d'un prêt d'argent. C'est le prêt gratuit qu'ils doivent pratiquer entre eux : « Tu pourras prêter à intérêt à l'étranger, mais tu ne donneras pas à intérêt à ton frère » dit un texte que nous avons déjà eu l'occasion de citer [1].

La Bible considère que le prêt à intérêt est un acte illicite par lui-même, sans qu'il y ait à distinguer si le prêteur exige ou non un taux élevé, qu'il doit être sévèrement défendu, et cette défense est formulée aussi bien dans un but de haute morale que pour assurer la concorde dans la société juive.

Les Juifs étaient un peuple d'agriculteurs et de pasteurs, chez qui le commerce et l'industrie étaient peu développés. Dans un pareil milieu la pratique du prêt, à intérêt, loin d'avoir une utilité quelconque, eût été sûrement néfaste. Les capitaux ne pouvant s'employer d'une façon lucrative, le seul prêt que l'on aurait pratiqué eût été le prêt de consommation, qui n'est qu'une cause de ruine pour celui qui le contracte.

Étant donnée l'adversion profonde que l'Écriture mani-

---

(1) *Deutéronome*, Ch. 23, vers. 20.

feste pour l'usure, on s'étonne qu'elle permette et même semble encourager sa pratique à l'égard des étrangers. C'est que l'Écriture ne respecte pas beaucoup l'esprit de charité à l'égard des étrangers. L'Ancien Testament n'a jamais connu l'internationalisme du Christ ; il considère comme des ennemis, avec qui la lutte est un devoir, tous les peuples païens qui entourent les Hébreux, les menaçant perpétuellement dans leur indépendance et dans leur foi. « Pour les païens, dit Puffendorf, on croit que la Loi permettait non seulement de leur prêter à intérêt, mais qu'elle l'ordonnait même, afin d'appauvrir et d'affaiblir ces peuples que la Justice divine avait destinés à périr sans miséricorde (1) ». D'après Saint-Ambroise, ce que la Loi entend par l'Étranger, ce sont particulièrement les sept peuples maudits que Dieu avait commandé d'exterminer.

Quoi qu'il en soit, l'usure devait être considérée entre Juifs comme un crime grave, condamné par les mœurs et puni par la loi.

En effet, la prohibition du prêt à intérêt se trouve dans les textes à côté d'autres prohibitions auxquelles il ne semble pas que l'on puisse refuser le caractère de dispositions devant entraîner une sanction pénale.

Les versets 19 et 20 du *Deutéronome* qui interdisent l'usure, sont encadrés de dispositions concernant les crimes les plus graves : défense de se prostituer, obli-

---

(1) *Droit de la nature et des gens*, l. V, ch. VII, p. 91.

gation de remplir les vœux faits au Seigneur, interdiction de moissonner le champ d'autrui [1].

David parle de l'usure comme de l'un des plus grands forfaits que l'on puisse commettre.

Ezéchiel prohibe l'usure au même titre qu'il défend l'adultère, le vol et l'assassinat.

« Qui prête à usure, ajoute le prophète, et qui prenne du surcroît vivra-t-il ? Il ne vivra pas, quand il aura commis ces abominations là, il mourra très certainement, et son sang sera sur lui [2] ».

Ne peut-on pas conclure qu'un peuple qui se faisait une si terrible idée de la punition divine appliquée aux usuriers, devait dans ses coutumes avoir des peines terrestres à leur intention. C'est l'avis de Puffendorf. Voici ce que dit à ce sujet l'historien allemand : « On n'était pas pourtant obligé de restituer ce que l'on n'avait profité d'une usure indirecte, et le débiteur, qui avait violé par là les règlements des ancêtres, était seulement battu ou puni de quelque autre manière [3]. »

On admet généralement que les Phéniciens pratiquaient la liberté la plus complète du prêt à intérêt. Cela coïncide d'ailleurs avec le génie de ce petit peuple, aussi connu par son activité industrielle et commerciale que par son expansion coloniale. Nous ne trouvons pas de délit d'usure chez les grecs, qui, eux aussi, furent

(1) *Deutéronome*, Ch. XXIII, v. 18, 21, 24, 25.
(2) EZÉCHIEL, Ch. XVIII.
(3) *Droit de la nature et des gens*, L. V, ch. VII.

des commerçants et des navigateurs. Ils pratiquaient surtout le prêt à la grosse, mais le simple prêt ne leur était pas inconnu. Bien que les usuriers semblent avoir été assez méprisés, la loi ne les frappait d'aucune peine, ils tenaient boutique ouverte sur la place publique et c'était une profession comme une autre que de faire le commerce de l'argent. « Autant les Juifs avaient été organisés pour se concentrer en eux-mêmes et fuir le trafic, autant les Grecs furent communicatifs, voyageurs, et commerçants. Marins intrépides, spéculateurs habiles et rusés, moins agriculteurs que négociants et navigateurs, ils ne furent arrêtés par aucun préjugé ni par aucune défense municipale dans la pratique du prêt à intérêt, levier nécessaire de tout commerce intérieur et extérieur (1). »

Solon laissa aux prêteurs la liberté la plus complète. Il adoucit même la législation de Dracon relativement aux droits du créancier sur son débiteur insolvable, subsistuant, dans une certaine mesure, l'exécution sur les biens à la contrainte par corps des législations primitives qui mettait le malheureux emprunteur à la merci de son créancier. La plupart des républiques grecques eurent un régime analogue à celui que Solon avait maintenu à Athènes.

La liberté du prêt n'eut d'ailleurs pas en Grèce les conséquences néfastes qu'elle engendra à Rome. Les

____

(1) TROPLONG. *Du prêt*. Préface, p. VIII.

conditions économiques n'étaient pas les mêmes, parce que les peuples étaient différents. Les populations du Latium étaient grossières et primitives. Elles vivaient de leurs champs et de leurs troupeaux. En fait d'arts, elles ne connaissaient que celui de la guerre. Le commerce et l'industrie leur étaient pour ainsi dire inconnus. Elles ne commencèrent à se développer que sous l'influence de la civilisation hellénique. En Grèce, au contraire, la vie économique fut de bonne heure très active. Les emprunteurs trouvaient facilement à employer leurs capitaux, ils réalisaient d'importants bénéfices, et s'enrichissaient tout en indemnisant largement leurs bailleurs de fonds.

Néanmoins les maux de l'usure ne furent pas sans attirer l'attention des penseurs. Les moralistes condamnèrent le prêt à intérêt, comme ils condamnèrent le commerce en général. Nous avons déjà parlé de leurs protestations.

Le législateur ne se laissa pas toucher par leur rhétorique et ne songea jamais à punir les usuriers. Il est même bien peu probable qu'à un moment quelconque il ait établi un taux maximum. On l'a cependant soutenu en s'appuyant sur une scolie des œuvres de Démosthène.

Nous croyons que, chez les Grecs, la seule sanction de l'usure était le mépris public.

« Ceux qui, sans courir les risques de la mer, veulent tirer quelque profit de leur argent, le placent ou chez les banquiers ou chez d'autres personnes à 12 % par an.

ou plutôt à 1 % pour chaque nouvelle lune. Mais comme les lois de Solon ne défendent pas de demander le plus haut intérêt possible, on voit des particuliers tirer de leur argent plus de 16 % par mois, et d'autres, surtout parmi le peuple, exiger tous les jours le 1/4 du principal. Ces excès sont connus, et ne peuvent être punis que par l'opinion publique, qui condamne et ne méprise pas assez les coupables (1) ».

Seuls parmi les Grecs, les Spartiates durent pendant longtemps ignorer la spéculation. Lycurgue, leur législateur, s'était efforcé par une constitution intransigeante de maintenir chez eux les mœurs austères d'un peuple qui devait partager sa vie entre les périls de la guerre et les labeurs de la culture. La base de leur civilisation était une grande simplicité de vie, l'amour de tous les exercices violents qui préparent aux combats, un mépris profond pour le commerce et l'industrie, pour tout ce qui peut être la source d'un bien-être amollissant ou d'un gain corrupteur.

Chez ce peuple, où la thésaurisation était entravée de mille manières, où c'était un crime que de vouloir s'enrichir on ne pourrait pas concevoir la liberté de l'usure ; elle devait être prohibée et punie.

Lacédémone d'ailleurs abandonna dans la suite ses sévères coutumes. Le contact des autres Grecs amena peu à peu chez elle le goût du luxe et la passion de la

____

(1) *Voyage du jeune Anacharis*, t. IV, ch. LX.

richesse qui le procure. Certains auteurs, qui aiment les antithèses peut-être plus que la vérité historique, la représentent même comme étant devenue sur le tard une cité où l'amour de l'or engendra les spéculations les plus éhontées.

§ II. — LES ROMAINS.

L'usure a été de tout temps à Rome une plaie sociale. Pendant longtemps, elle y fut une cause permanente de troubles intérieurs et de révolutions politiques.

Le législateur romain a été impuissant à réprimer les abus du commerce de l'argent qui ont été particulièrement scandaleux dans cette société, où, en dehors des deux classes extrêmes, les Patriciens et les Plébéiens, également corrompues l'une par son avidité et sa suffisance, l'autre par la misère et la servitude, il n'y avait pas une classe moyenne susceptible, par son bon sens et son travail, de contrebalancer l'influence néfaste des exactions du patriciat et des séditions de la plèbe.

Au début de la République, il n'y avait aucune loi restrictive de la liberté du prêt à intérêt. La seule protection que semble avoir eue l'emprunteur, est celle résultant du formalisme du droit qui exigeait que pour qu'une créance devînt productive d'intérêts, le débiteur s'engageât par une *stipulatio usurarum*. Ce dernier en prononçant les paroles solennelles, était bien obligé de

réfléchir à la portée de son acte. La loi croyait avoir
assez fait en le forçant à se lier verbalement et expli-
citement ; elle le considérait ensuite comme n'ayant pas
pu avoir agi à la légère.

Les prêteurs abusèrent de la liberté, et les emprunteurs en furent vite réduits aux abois.

Les prêteurs, c'étaient les patriciens qui s'étaient ser-
vis de leur prépondérance politique et de leur richesse
foncière pour accaparer la petite quantité de numéraire
alors en circulation. Les emprunteurs, c'étaient les plébéiens, prolétaires par définition, qui vivaient au jour
le jour du produit de leurs champs et de leurs trou
peaux.

Rome eut, après l'expulsion des rois, à soutenir de
longues et pénibles luttes pour défendre son indépendance et sa jeune constitution.

Pendant que la plèbe combattait sous les ordres et au
profit du patriciat, elle laissait ses terres en friche et
ses familles dans le besoin. Lorsque la guerre était
malheureuse, le pays était pillé. Comme à cette époque
le soldat citoyen ne touchait aucune indemnité, et que,
d'autre part, il n'avait pas pendant les courts intervalles
de paix les ressources d'un commerce florissant, le bas
peuple en fut bientôt réduit à une extème misère.

Il fallait vivre et faire vivre les siens, il emprunta à
ses maîtres qui, méconnaissant leur véritable intérêt,
furent peu généreux.

Les patriciens prêtèrent aux plébéiens à un taux exorbitant. Comme la guerre continua, ceux-ci de plus en plus misérables, loin de se libérer, s'endettèrent de plus en plus.

Les riches n'hésitèrent pas à poursuivre impitoyablement les emprunteurs, dont la situation était encore rendue pire par ce fait que tout capital prêté s'augmentait de plein droit à l'échéance des intérêts non payés qui devenaient à leur tour productifs.

« Ce peuple romain, dit l'abbé de Vertot, dont les suffrages étaient recherchés si ambitieusement dans les élections et les assemblées publiques, tombait dans le mépris hors des Comices. La multitude en corps était ménagée avec de grands égards, mais le plébéien particulier était peu considéré ; aucun n'était admis dans l'alliance des patriciens. La pauvreté réduisit bientôt le peuple à des emprunts qui le jetèrent dans une dépendance servile des riches... Les patriciens pleins de valeur, accoutumés au commandement, voulaient toujours faire la guerre et ils ne cherchaient qu'à étendre la puissance de la République en dehors ; mais le peuple voulait Rome libre en dedans, et il se plaignait que, pendant qu'il exposait sa vie pour subjuguer les peuples voisins, il tombait souvent lui-même, au retour de la campagne, dans les fers de ses propres concitoyens (1). »

La loi romaine, en effet, était impitoyable pour

____

(1) *Histoire des révolutions romaines*, t. I, p. 32.

le débiteur malheureux. La personne même de l'insolvable était le gage du créancier, qui s'en emparait au
moyen de la procédure d'exécution appelée *manus
injectio*.

Nous n'entrerons pas dans l'étude des différentes
manus injectiones. Que le préteur agisse en vertu de
l'obligation exécutoire par elle-même, née du nexum
(contrat de prêt *per aes et libram*), ou bien qu'il agisse
en vertu d'une condamnation prononcée après coup par
le juge, le résultat était toujours le même : c'était le
moyen de contrainte odieux des législations primitives,
qui faisait du débiteur la chose du créancier. D'ailleurs,
dans les différents cas de *manus injectiones*, il semble
que la force exécutoire était la conséquence de la prononciation d'une formule analogue.

« Le préteur, dit M. P. F. Girard en parlant du
nexum, prononce contre le débiteur une damnation
dont les termes ne nous ont pas été transmis, mais
dont l'existence est attestée à la fois par les effets du
nexum et par la formule d'extinction de l'obligation
qu'il fait naître. L'effet du nexum est précisément à
notre sens celui qui résultait dans l'ancien droit d'une
damnatio régulière. La damnatio, prononcée par le
créancier contre le débiteur dans le cérémonial de
l'opération *per aes et libram*, a pour effet de faire
naitre contre le damnatus à l'échéance le même droit
qui résulte contre le damnatus de la damnatio prononcée par le testateur dans le legs *per damnationem*,

de celle prononcée par le législateur de la loi Aquilia, de celle prononcée par le juge dans la sentence de condamnation : le droit de procéder au bout du délai légal de trente jours à la *legis actio per manus injectionem* I ».

Trente jours après l'échéance de la dette ou le prononcé de la sentence, le débiteur insolvable était, certaines formalités accomplies, conduit par le créancier dans sa prison privée. Le malheureux ne pouvait être soustrait à cette violence que par le paiement ou l'intervention d'un vindex, tiers prenant fait et cause pour lui. On peut facilement s'imaginer le peu d'enthousiasme qu'avaient les amis du débiteur, ordinairement pauvres eux-mêmes, à intervenir dans une affaire qui, en cas de défaite judiciaire, pouvait amener leur propre incarcération.

Le créancier devait pendant soixante jours tenir son débiteur prisonnier avant de se l'approprier. Pendant ce temps il pouvait le charger de chaînes et la loi avait même, dans sa sollicitude, déterminé le poids de ses liens. La seule obligation qu'avait le créancier à l'égard de son débiteur était de le conduire sur la place publique pendant trois jours de marché consécutifs et d'y proclamer la cause de sa détention. On espérait ainsi que quelque ami de l'insolvable, pris de pitié, viendrait le délivrer en payant pour lui.

(1) P.F GIRARD, *Manuel de Droit romain*, p. 465.

A l'expiration des soixante jours, le prisonnier devenait la propriété du créancier qui pouvait, selon son bon plaisir, le mettre à mort ou le vendre à l'étranger. Il est juste de faire observer que la mise à mort devait être rarement pratiquée.

Le moyen d'exécution est donc tout d'abord exclusivement un mode d'exécution sur la personne. Pourquoi en est-il ainsi ? M. Fustel de Coulanges prétend que c'est parce que, dans ces temps de cultes domestiques, la propriété privée était si sainte, que l'on n'aurait pas osé y toucher (1). Or, par la *manus injectio*, les biens étaient atteints indirectement, mais sûrement, soit au moyen d'une transaction qui devait être fréquente entre le créancier et son prisonnier, soit, si un arrangement n'intervenait pas, par la *capitis deminutio* ou la mort de l'emprunteur. Cette raison est donc mauvaise.

Si l'exécution sur la personne était usitée à l'exclusion de tout autre procédé de contrainte, c'est que, seule, elle satisfaisait pleinement la rancune barbare qui animait, dans ces nations primitives, quiconque agissait contre un adversaire qui l'avait lésé. La justice sociale se ressentait encore des procédures sommaires et cruelles de l'ancienne vengeance privée, qu'elle avait mis si longtemps à remplacer.

Dans la législation romaine des premiers temps, on

____

(1) Fustel de Coulanges, *La cité antique*, l. II, t. XI, ch. V.

trouve, il est vrai, un mode d'exécution sur les biens : la *pignoris capio*, qui consistait en la saisie d'un gage. Mais ce procédé ne pouvait être employé que pour recouvrer certaines créances ayant un caractère public ou sacré, comme celles que les publicains avaient mission de poursuivre contre les contribuables récalcitrants.

Les plébéiens se trouvèrent donc à la merci de leurs créanciers. Poussés à bout, ils finirent par se révolter. A la veille d'une guerre contre les Volsques qui menaçaient la ville, ils refusèrent le service militaire, cause de tous leurs malheurs. On les apaisa avec des promesses. 496.

Parmi les créanciers les plus impitoyables et les plus odieux de cette époque, fut Appius Claudius. « Nommé consul avec Servilius en 495, il excita encore par son exemple la cruauté des riches. Déjà les murmures éclataient au sein de la foule, lorsqu'un homme apparut tout à coup sur le forum, pâle, effrayant de maigreur. C'était un des braves centurions de l'armée romaine ; il avait assisté à vingt-huit batailles. Il raconta que dans la guerre Sabine, l'ennemi avait brûlé sa maison, sa récolte et pris son troupeau. Pour vivre, il avait emprunté et l'usure, comme une plaie honteuse, avait rongé jusqu'à son corps ; son créancier l'avait emmené, lui et son fils, chargés de fers, déchirés de coups, et il montrait son corps tout saignant encore (1). »

(1) DURUY. *Histoire romaine*, p. 47.

Le peuple, exaspéré par ce récit qui lui peignait ses propres souffrances, se révolta, et refusa de marcher contre l'ennemi. On l'apaisa encore avec des promesses qui ne furent pas plus tenues que les précédentes. Lassés d'attendre des réformes qui ne venaient jamais à terme, les plébéiens, à la suite d'une nouvelle crise, se retirèrent sur le Mont sacré. Le Sénat, effrayé, dut céder. Le peuple ne rentra dans Rome qu'à la condition que ceux des plébéiens qui étaient devenus esclaves pour dettes seraient affranchis et qu'une partie des créances patriciennes serait considérée comme éteinte. C'est de cette sédition que date la création des tribuns du peuple : magistrats nommés par la plèbe, qui avaient pour mission de protéger leurs électeurs contre l'oppression des grands, et particulièrement contre les abus de leurs usures (493).

Ce serait refaire toute l'histoire romaine, que de narrer par le détail la lutte de la plèbe contre le patriciat, la lutte des emprunteurs contre les prêteurs.

Nous nous bornerons ici à énumérer rapidement les différentes tentatives faites par le législateur pour combattre les maux de l'usure.

En 448, la loi des XII Tables vint fixer un taux légal, que les prêteurs ne devaient pas dépasser.

Nous n'examinerons pas la discussion relative à la détermination du montant de ce taux. « Il est, dit Troplong, peu de points plus controversés dans l'histoire du droit. »

On a prétendu d'abord que *l'unciarum fœnus* des XII Tables était le taux d'une once par mois, soit douze onces par an ou 100/100. C'eut été un singulier moyen de protéger les emprunteurs que de fixer le taux légal à cet intérêt, que les usuriers les plus éhontés ne devaient même pas ouvertement exiger.

D'autres auteurs ont proposé le taux de 1 % par an qui, lui, est beaucoup trop faible. Cujas, Dumoulin, Pothier qui ont soutenu ce chiffre ne se sont certainement pas rendu compte du prix élevé que devait avoir l'argent dans cette Rome d'agriculteurs, où le numéraire était rare et d'un emploi peu productif.

Aujourd'hui on admet généralement que *l'unciarum fœnus* correspond au taux de 12 % pour une année de dix mois, soit 8 1/3 % par an (1).

Ce qui nous importe surtout, c'est que les XII Tables aient cru devoir prendre contre les prêteurs une mesure consistant dans la fixation d'un taux maximum. Or nous croyons cela très probable.

Montesquieu l'a cependant contesté, prétendant que cette réforme doit être attribuée à une loi postérieure, d'environ un siècle : « C'est cette loi, dit-il, (celle des tribuns Duellius et Menenius) que Tacite confond avec la loi des douze Tables. Et c'est la première qui ait été faite chez les Romains pour fixer le taux de l'intérêt (2) ».

(1) NIEBUHR, *Hist. Rom.*, t, v ; p. 75. ORTOLAN, *Institutes*, t. II, p. 322.
(2) *Esprit des lois*. l. XXII. t. XXII.

Il n'y a, en réalité, aucune raison de douter du témoignage de Tacite qui est formel : « Nam primo Duodecim Tabulis sanctum ne quis unciario fœnore amplius exerceret, quum antea ex libidine locupletium agitaretur (1) ».

Et cela d'autant plus que ce témoignage n'est pas isolé, mais confirmé par celui de plusieurs écrivains, par celui de Baton, entre autres, qui s'exprime ainsi : « Tabulæ XII posuerunt furem duplo condemnari, fœnatorem quadruplo (2) ».

On voit donc que les douze Tables s'occupèrent bien de prévenir les usures, et qu'elles avaient même sanctionné la prohibition établie de la peine du quadruple.

Quel était le caractère de ces dispositions ?

« Les mesures tendant à restreindre le taux de l'intérêt, dit Jhering, n'avaient que le caractère de mesures de police, et ne pouvaient altérer légalement le principe de la libre autonomie. Ainsi la promesse d'intérêts, même au-dessus du taux légal, était juridiquement valable et exigible en justice, mais une peine frappait celui qui avait enfreint la loi (3) ».

Le contrat entaché d'usure n'était dont pas nul. Le prêteur pouvait en réclamer l'exécution en justice; mais il s'exposait, si son usure était découverte, à être condamné à la peine du quadruple, c'est-à-dire à être obli-

____

(1) TACITE, l. VI, XVI. *Annales.*
(2) *De re rustica.* Prœm.
(3) *L'esprit du droit romain*, t. II, p. 147.

gé de restituer au quadruple les intérêts perçus en trop. Une amende édilicienne fut ajoutée après coup à cette peine d'un multiple, c'est du moins ce que ce texte de Tite Live permet de conjecturer : « Judicia eo anno populi tristio in fœneratores facta quibus ab ædilibus dicta dies esset traduntur [1] ».

La sévérité de la loi n'empêcha pas les usuriers de continuer à exercer leur funeste industrie, et la question des dettes agita le forum pendant de longues années.

Lors de la crise économique qui suivit l'invasion gauloise, cette éternelle question reparut avec une nouvelle acuité. Le sauveur du capitole, Manlius, avait manifesté une trop grande sympathie pour les débiteurs. On l'accusa de rechercher une popularité malsaine, il fut condamné à mort par les grands 383.

En 366, C. Licinius Stolon et L. Sextius, tribuns de la plèbe, réussirent, après dix années de lutte, à faire adopter par le Sénat une série de mesures populaires parmi lesquelles se trouvait une disposition concernant les insolvables. Les intérêts déjà perçus devaient être imputés sur le capital ; quant à ce qui restait à payer, les emprunteurs, auxquels un délai de trois ans était accordé, devaient s'acquitter en trois fois.

Puis en 343 ce sont les décisions des tribuns Duilius et Mœnius remettant en vigueur l'*unciarum fœnus*.

Plus tard, c'est une commission nommée pour calmer

____

(1) TITE LIVE, I, VII, XXVIII.

le peuple révolté, qui décide qu'une partie des dettes sera payée avec l'argent du trésor public, et qui, pour l'autre partie, intervient afin d'imposer aux créanciers des arrangements amiables avec leurs débiteurs.

Puis les tribuns abaissent le taux légal de moitié.

Toutes ces mesures n'étaient que des expédients.

En 339, on place une loi Genucia qui aurait substitué à l'ancienne réglementation du taux une disposition législative aussi radicale qu'irraisonnée prohibant d'une façon absolue le prêt à intérêt. « De telles mesures, dit Troplong, sont insensées. Si celle-ci fut réellement prise, comme Tacite paraît le croire, sans toutefois discuter les doutes de Tite-Live, elle ne dut pas long-temps survivre à la rebellion qui l'avait conçue et je n'hésite pas à croire avec Saumaize qu'elle ne fut pas appliquée (1) ».

Quelques années après la loi Genucia, une loi Marcia de *usuris reddendis* dut en revenir à la législation des XII Tables. Cette question toutefois est controversée.

Ce qui est certain c'est que le commerce de l'argent continua à Rome et que dès cette époque les banquiers du forum, imitant les banquiers grecs, eurent boutique ouverte. Le fait nous est attesté par Plaute. « Par exemple, dit Cappadox, quand il s'est agi de me payer ces dix mines, mon homme a couru de comptoir en comptoir... (2) »

(1) TROPLONG. — *Du prêt*. préface.
(2) *Curculio*. Trad. Naudet. p. 123. t. IV.

Au II° siècle, deux nouvelles lois nous prouvent bien les efforts constants faits par le législateur pour arrêter le flot montant des spéculations usuraires.

Une loi *Sempronia* vint rendre impossible une fraude qui consistait, pour pouvoir violer la règle, à se servir comme homme de paille d'un latin ou d'un allié : elle décida que les lois sur le taux s'appliqueraient désormais aux alliés et aux latins.

La loi Gabinia défendit ensuite aux alliés de venir emprunter à Rome.

La Grèce, qui avait exporté à Rome ses mœurs dissolues et sa philosophie sceptique, y transporta aussi ses habitudes commerciales, principalement sa méthode de compter les intérêts. L'intérêt légal de 12 °/₀ par an supplanta *l'unciarum fenus*. On réglait tous les mois, aux calendes, d'où le nom de *calendarium* donné aux registres sur lesquels on inscrivait les échéances. Cet usage fut, d'après Cicéron, consacré par un sénatus consulte de l'an 52.

Les *centesimæ usuræ seu calendariæ* devaient rester pendant longtemps le maximum d'intérêt de la loi romaine.

Toutes ces mesures n'empêchaient pas le peuple d'être écrasé par les usures. Tiberius Gracchus pouvait sans trop d'exagération lui dire : « On vous appelle les seigneurs et maîtres de l'univers. Quels seigneurs et quels maîtres ! vous à qui on n'a pas laissé seulement un pouce de terre qui pût au moins vous servir de sépulture. »

Les mesures comme celle qu'employa Sylla, qui, pour calmer la foule, força les riches à recevoir en paiement des terres publiques, et comme ces lois multiples « accordant aux débiteurs privés un allègement de leurs dettes, soit par la remise des intérêts arriérés, soit par l'imputation réglée d'avance de leurs paiements sur le capital » ces mesures, qui apportaient bien un soulage. ment momentané à la misère des petits. ne faisaient dans la suite qu'empirer leur situation.

Rien en effet ne fait plus monter le prix de l'argent que l'incertitude du paiement régulier. Les emprunteurs payèrent cher ces quelques concessions et les prêteurs ne manquèrent pas de se faire compter les risques plus cher encore qu'ils ne valaient. On peut même facilement supposer que, dans les temps agités, les plébéiens ne trouvaient plus d'argent que chez les usuriers professionnels et tarés.

« Ces lois, dit Jhering. portaient certes une atteinte sensible aux droits privés. Si on les juge à un point de vue purement abstrait, sans connaître les circonstances qui les ont occasionnées et légitimées, on doit les condamner. Mais elles prennent un tout autre aspect si on les examine sous leur véritable jour historique. C'étaient des saignées périodiques rendues nécessaires par les congestions de l'organisme social (1). »

(1) Jhering. T II. p. 73,

On pourrait croire que, du jour où les coutumes grecques vinrent transformer la civilisation romaine, le peuple romain profita de cette évolution. Loin de là. Rome devint bien une ville commerçante et industrielle, mais le commerce et l'industrie furent accaparés par des capitalistes qui y employèrent leurs nombreux esclaves. La plèbe resta donc toujours misérable et désœuvrée.

Les moralistes et les orateurs condamnaient l'usure dans de belles périodes, et la pratiquaient dans leur vie privée. L'empire romain tout entier était la proie des prêteurs. Les petits capitalistes remettaient leur argent à des banquiers, qui le faisaient fructifier et leur versaient une commission. L'imagination fertile des spéculateurs avait inventé mille ruses pour faire monter l'intérêt au delà de la centésime, et les prêts se faisaient à des taux inouïs.

Caton le Censeur, qui, avant de quitter l'Espagne, vendit son cheval pour épargner à la République les frais de transport, qui, préteur de Sardaigne, en avait ignominieusement chassé les usuriers, le défenseur des lois somptuaires, lui qui ne craignait pas de comparer l'usure à l'assassinat, Caton était un usurier aussi avide qu'impitoyable. L'austère Sénèque qui enseignait le mépris des richesses ne fut pas plus logique avec lui-même, et amassa une grande fortune, grâce à ses usures. Brutus prêtait à la ville de Salamine par l'intermédiaire de M. Scaptius et P. Matinius au taux de 48 %.

Pompée, au dire de Montesquieu, avait prêté au roi

Ariobarzane 600 talents, qui tous les jours lui rapportaient 33 talents attiques.

« L'exploitation financière étendait son réseau sur toutes les provinces. « En Gaule, nous dit Cicéron, il ne se déplace pas un écu qui ne soit porté sur les registres des citoyens romains. » Le Romain était dans l'antiquité, ce que fut le juif au moyen âge, avec cette différence que le Romain exerçait la persécution au lieu de la subir. Mais les débiteurs se vengeaient quelquefois. La révolte des Gaules sous Vercingétorix commence par le massacre des banquiers romains de Genobum, dont l'un nous est connu par son nom : c'était le chevalier Romain C. Fusius Cita. Plus tard Florus et Sacrovie excitaient encore les Gaulois à la révolte, en leur parlant de l'usure qui les écrasait. Mais rien n'égalait les souffrances infligées à la province la plus riche de la terre, à l'Asie, par ses rapaces dominateurs. Là, le banquier se faisait le complice des passions du magistrat qui portait l'épée, et celui-ci, en échange, lui prêtait main forte contre ses débiteurs. Verrès, lieutenant du proconsul Dolabella, pour se venger de Philodamos de Lampsaque, qui avait défendu contre lui l'honneur de sa famille, lui suscitait des accusateurs parmi les créanciers romains. Ceux-ci comptaient sur les licteurs de Verrès pour se faire rembourser des Grecs. Le questeur Malleolus, partant de Rome pour la Cilicie, réalisait presque toute sa fortune pour la placer à gros intérêts. Il se faisait signer des billets par ses administrés.

On vit même des proconsuls faire la banque avec les fonds de leur caisse militaire. Leurs soldats n'étant pas payés, les généraux usuriers leur promettaient le pillage (1). »

La situation des débiteurs s'était néanmoins améliorée. Dès l'année 429, la loi de Petilia Papiria étant venu atténuer l'ancienne *manus injectio*. C'est là peut-être le seul avantage durable qu'aient obtenu les emprunteurs pendant cette période de luttes politiques. Depuis cette loi, occasionnée par le scandaleux attentat de Papirius, le créancier ne semble plus qu'avoir le droit de détenir son débiteur sans le maltraiter, en le faisant travailler à son profit jusqu'à ce qu'il se soit racheté. Le nexum, d'autre part, cessa d'avoir force exécutoire par lui-même. Le préteur dut désormais dans tous les cas, pour pouvoir exécuter son débiteur, obtenir contre lui un jugement de condamnation.

Plus tard, au ii⁰ siècle avant J.-C., à côté de l'exécution sur la personne la procédure formulaire avait introduit le système plus humain de l'exécution sur les biens. C'était un grand pas de fait dans la voie du progrès. Le créancier conserve toujours le droit de pratiquer la contrainte par corps, mais il a en outre à sa disposition la *venditio bonorum*

Au moyen de cette procédure, le patrimoine en entier est saisi à la requête du créancier, qui est envoyé en

---

(1) *Hist. des Chevaliers Romains*, E. BELOT. t. II. p. 155.

possession de tous les biens du débiteur par un décret du préteur. Des affiches sont apposées à la diligence du saisissant pour faire connaître aux intéressés l'insolvabilité du saisi.

On attend quelques semaines, puis le préteur nomme un *magister bonorum*, qui constate l'actif et le passif, dresse le cahier des charges de la vente, et le rend public par l'apposition de nouvelles affiches.

Enfin le patrimoine est vendu en bloc, aux enchères, à celui d'entre les candidats qui offre de payer le plus fort dividende.

Une loi Julia de *cessione bonorum* qui date des premières années de l'empire vint encore modifier la situation des insolvables. Jusque-là la *manus injectio* bien qu'adoucie était toujours possible. Cette loi décida que le débiteur pourrait toujours éviter la contrainte par corps en abandonnant volontairement la totalité de ses biens lors des premières poursuites qui suivraient sa condamnation. La cession de biens conférait même un autre avantage à celui qui s'en prévalait, il n'encourait pas l'infamie qui frappait d'ordinaire ceux dont le patrimoine était vendu sur saisie.

Mais le procédé de vente en bloc est défectueux; c'est pour l'insolvable la cause d'un grave préjudice. Il n'y a que des spéculateurs pour acquérir une universalité de biens, actif et passif. La vente du patrimoine se fait donc à vil prix, elle ne donne jamais ce qu'aurait produit une vente en détail des différentes valeurs dont il se compose.

En conséquence, il y avait avantage à introduire dans la loi un mode d'exécution permettant de procéder à une vente en détail, et cela, aussi bien dans l'intérêt des créanciers, que dans celui du débiteur. Il était réservé à la procédure extraordinaire de réaliser cette réforme.

C'est en faveur des membres de l'*ordo senatorius* qu'Antonin le Pieux introduisit le *pignus ex causa judicati captum*. Cette procédure qui consistait dans la saisie par les officiers du magistrat d'objets particuliers vendus par eux au profit de la partie gagnante jusqu'à concurrence du montant de la condamnation, dut plus tard se généraliser. On trouve aussi la procédure de la *distractio bonorum* dans laquelle, le failli restant à la tête de son patrimoine, la vente avait lieu en détail quoi-que les biens eussent été saisis en bloc.

L'usure continua sous l'empire à être une plaie sociale, mais elle cessa d'être une cause d'agitation politique. C'était une maladie chronique dont les crises s'étaient atténuées à la longue.

Plusieurs raisons ont, dans des proportions différentes, contribué à ce résultat.

Tout d'abord, comme nous venons de le voir, l'exécu-tions 'était peu à peu dépouillée de sa barbarie primitive.

On ne voyait plus de débiteurs sanglants venir sur le *forum* soulever le peuple contre les riches.

La guerre, loin d'être une cause permanente de ruine,

était souvent une cause de profit pour le soldat qui, bien payé, flatté même par les empereurs, avait de bonnes aubaines consistant en parts de butin ou largesses gouvernementales.

La situation économique de la masse s'était un peu améliorée. Elle n'était cependant pas brillante. « L'industrie n'occupait guère à Rome les bras que l'agriculture laissait libres, car les empereurs s'étaient chargés de nourrir l'oisiveté de la populace par leurs distributions de blé, de vin, d'huile et de viande à plus de deux cent mille pauvres. Tous les profits du commerce et de l'exercice des métiers revenaient surtout aux affranchis et aux étrangers.

Mais ils avaient à lutter contre la concurrence des esclaves des grands, qui formaient des ateliers où se fabriquaient toutes les choses nécessaires à la vie et une partie même des objets de luxe. La médecine, les arts étaient communément exercés par eux ; même ils fournissaient à leurs patrons des précepteurs et des savants »(1).

Dans les provinces, le commerce et l'industrie devaient s'être développés plus librement, et le bas peuple avait moins à souffrir que sous la République des exactions et des usures des représentants du pouvoir central.

« La politique ne venait pas se jeter au travers des plaintes des provinciaux pour paralyser les plus justes réclamations, et ce n'étaient plus des juges complices

_____

(1) DURUY. *Histoire Romaine*, p. 475.

de la concussion qui prononçaient sur l'accusation, c'était le sénat ou le prince qui avait tout intérêt à punir un voleur par une décision prompte et rigoureuse, suffisante pour prévenir les troubles qu'entraîne à sa suite une mauvaise administration » (1).

Les empereurs s'étaient maintes fois préoccupés d'organiser le crédit populaire.

César prêta gratuitement aux plébéiens. « Tibère, dit Tacite, ouvrit une banque de cent millions de sesterces et donna la facilité d'y emprunter sans aucun intérêt pour trois années, pourvu que l'emprunteur s'engageât envers l'Etat du double en hypothèque sur ses biens fonds (2) » (47).

Alexandre Sévère voulut donner aux pauvres le moyen de se procurer une petite propriété rurale, et leur assurer ainsi le nécessaire : il leur avança l'argent suffisant sur le trésor public (222). La loi avait empêché l'intérêt arriéré d'écraser le débiteur. « Le droit classique fixait au double la somme jusqu'à laquelle le capital pourrait produire des intérêts restés en souffrance. Quant à l'anatocisme, à la capitalisation des intérêts, la convention d'anatocisme était probablement défendue en droit classique, pour les intérêts à échoir, mais elle y était sans doute permise pour les intérêts déjà échus que les parties convenaient de transformer en dette de capital par une novation ». (3).

(1) Ed. LABOULAYE. *Lois criminelles des Romains*. p. 405.
(2) TACITE. *Annales* VI, XVII.
(3) P. F. GIRARD. *Manuel de Droit Romain*. p. 501.

La théorie de la *querela non numeratæ pecuniæ* dut permettre au débiteur, à qui le créancier avait retenu des intérêts usuraires sur le capital versé, de déjouer la fraude du prêteur en le forçant à faire la preuve du versement sans se servir du billet par lui souscrit, à reconnaître ainsi que ce versement n'avait pas été intégral.

Nous venons d'énumérer une série de causes qui, à différents titres, améliorent la situation des emprunteurs; voyons maintenant ce qu'était devenue, sous l'empire, l'ancienne législation du prêt.

La peine du quadruple établie par la loi des XII Tables était, malgré les nombreux rappels du législateur, complètement tombée en désuétude (1) ; on se bornait à imputer sur le capital les intérêts excessifs qui avaient été payés. Pendant l'époque classique, aucune peine ne frappait les usuriers.

Les empereurs prirent contre les prêteurs quelques mesures nouvelles.

Certains fonctionnaires qui, en raison de l'autorité dont ils étaient investis, auraient pu abuser des emprunteurs, les gouverneurs de province par exemple, ne pouvaient se livrer au commerce de l'argent. (2).

Le sénatusconsulte Macédonien était, dans l'esprit du législateur, dirigé contre les prêteurs d'argent, qui exploitaient l'inexpérience et les passions des fils de

(1) PAUL *Sententiæ*, l. II, tit. XIV, § 2.
(2) MODESTIN. D. 12. 1. *De Rebus Creditis*. 33.

famille. Il permettait au fils ou au père poursuivi par l'usurier de se dispenser de payer en opposant à l'action intentée l'*exceptio senatusconsulti Macédoniani*. (1).

Les empereurs Dioclétien et Maximien, au début du IVe siècle édictèrent qu'à l'avenir les usuriers seraient notés d'infamie. 2).

Valentinien III. Théodose II et Arcadius tentèrent de rétablir la peine du quadruple. Cette peine devait frapper le prêteur qui réclamerait un intérêt supérieur à la *centesima usura*. A titre de mesure transitoire, on devait sanctionner de la peine du double les usures antérieurement commises. 3.

La peine du quadruple ne tarda pas à disparaître encore une fois de la législation. Dans les compilations de Justinien. l'emprunteur n'a plus l'action en restitution d'un multiple de ce qui a été indûment perçu, nous ne retrouvons comme peine que l'infamie. (4). Tout ce qui a été pris au-delà du taux légal est, ou bien imputé sur le capital, ou bien en cas d'excédent, restitué au simple. (5). C'est la suppression officielle de l'antique sanction de l'usure.

Justinien faisait cette suppression dans de mauvaises conditions « au moment, dit M. Girard, où il provoquait

(1) D. 14. 6. *De sen. cons, Mac.*
(2) L. XX. C. *Ex quibus caus. infam. irrog.*. l. II, t. XII
(3) L. II,C. *Théod, De usuris*, II, 33.
(4) L. XX, C. II, 12.
(5) C. L. IV, t. XXXII. *De usuris*, 26. 4.

la fraude par l'affaiblissement du maximum. » En effet, tenant compte surtout de la situation sociale des contractants, il décida que le taux varierait suivant leur qualité. Tandis que les personnes illustres obligées par leur rang à une certaine retenue ne pouvaient prêter qu'à 4 %, les commerçants habitués à avoir moins de scrupules et plus de bénéfices pouvaient aller jusqu'à 8 %. La masse devait se contenter de 6 %. Quant aux agriculteurs, qui forment la classe de travailleurs utiles et modestes, qui pourvoient aux besoins primordiaux de l'humanité, on devait les encourager et ne jamais exiger d'eux plus de 4 %.

Ce système est basé sur une erreur économique. Le taux de l'intérêt, nous l'avons déjà dit, ne peut être fixé d'une façon générale et arbitrairement. Le prix de l'argent varie avec l'offre et la demande, avec les risques, avec les bénéfices qu'il peut faire réaliser. Le taux fixé par Justinien, en outre, est manifestement trop faible comme taux moyen ; il ne correspond pas avec le prix réel de l'argent à cette époque qui était très élevé.

Le grand empereur crut, d'autre part, utile pour combattre l'usure de renchérir sur deux prohibitions du droit classique que nous avons signalées. Il décida que les intérêts, quels qu'ils soient, même ceux déjà payés, devraient cesser de courir, lorsqu'ils auraient, par leur accumulation, doublé le capital, et que la prohibition de l'anatocisme s'étendrait jusqu'à la défense de faire produire des intérêts par une convention nouvelle à des intérêts déjà échus (1). Ceux qui violeraient ces dispositions devaient être notés d'infamie.

Cette réforme a dû surtout avoir pour résultat d'empirer la situation des débiteurs, en invitant les créanciers à exiger d'eux impitoyablement les intérêts et le capital à l'échéance.

§ III. — L'ANCIEN DROIT FRANÇAIS.

Les plus anciens textes du droit canonique nous montrent que l'Église se borna tout d'abord à défendre le prêt à intérêt aux seuls clercs.

Le pouvoir ecclésiastique n'osa pas, dès le début, étendre cette prohibition aux laïques. Il n'était ni assez fort, ni assez imprudent pour s'attaquer ouvertement aux principes qui gouvernaient la société civile.

Il se contenta donc de rappeler aux clercs le respect de la loi du Maître qui avait dit : *mutuum date nihil sperantes*. Les gens d'Église d'alors ne se faisaient pas faute de se livrer à la spéculation, de pratiquer l'usure, et cette mesure prohibitive fut prise autant en vue d'en revenir à la véritable doctrine du Christ que pour mettre fin à un état de choses déplorable qui menaçait, en se prolongeant, de jeter un grave discrédit sur le clergé.

Le quarante-quatrième canon des apôtres ne nous parle que des clercs : « *Episcopus aut presbyter*, dit-il,

(1) L. XXVIII, C. *De usuris.*

aut diaconus usuras a debitoribus exigens aut desinat,
aut certe damnatur. »

Le concile d'Arles et celui de Laodicée, au commencement du IVe siècle, décidèrent que tout membre de l'Église reconnu coupable d'usure serait frappé de la peine de l'excommunication.

Lors du premier concile général qui fut tenu sous le règne de Constantin à Nicée, en 325, il n'est pas encore question de défendre le prêt à intérêt aux laïques. St-Basile et St-Grégoire de Nysse, son frère, qui vivaient à cette époque, furent frappés des ravages faits par l'usure. Ils pensèrent que la morale des ministres du sauveur ne devait pas être moins parfaite que celle du « célèbre païen » que fut Aristote, et prêchèrent la prohibition absolue de l'usure, l'interdiction pure et simple du prêt à intérêt concernant tous les hommes.

La plupart des pères de l'Église d'Orient soutinrent cet enseignement, qui trouva dans l'Église d'Orient de brillants défenseurs : St-Ambroise, St-Jérôme, St-Augustin.

Les chrétiens devaient considérer le prêt à intérêt comme un péché et comme un crime, le prêt gratuit comme un devoir. Les orateurs saints réclamaient pour les usuriers des châtiments exemplaires ; ceux qui frappaient les assassins et les idolâtres.

Au Ve siècle, une lettre décrétale du pape St-Léon décida que la défense de l'usure s'appliquerait d'une façon générale, et ordonna aux évêques de réprimer sévèrement les infractions à la règle.

Le pouvoir civil ne se laissa pas facilement entraîner à une réforme qu'il jugeait manifestement en contradiction avec les mœurs et les besoins de la masse. Justinien se contenta, comme nous l'avons vu, d'abaisser le taux et d'empêcher par des mesures discutables l'accumulation des intérêts arriérés d'écraser les débiteurs.

Au IXᵉ siècle, l'empereur Basile tenta de mettre la législation civile en harmonie avec la doctrine canonique. Par une constitution demeurée célèbre il prohiba d'une façon absolue le prêt à intérêt.

Son fils, Léon le Philosophe, qui lui succéda, rétablit la législation de Justinien.

En Occident, la doctrine canonique devait avoir une fortune extraordinaire, influencer la vie économique de tout le moyen âge, et peser lourdement sur notre législation jusqu'à la Révolution.

En Orient, où elle était née, elle eut un succès moins durable. Les clercs y furent toujours rebelles à sa défense. Un concile local y avait limité la prohibition du prêt à intérêt aux clercs majeurs et seulement pour les usures excessives. Elle fut encore rendue moins efficace par mille artifices, c'est à l'ingéniosité des membres du clergé oriental qu'est dû l'expédient fameux du triple contrat.

Dans l'ancienne Russie par exemple, le principe de

la prohibition fut adopté par l'Eglise nationale et appliqué dans ses juridictions. On le retrouve plus **tard** dans le code du tzar Alexis en 1649. Mais il ne fut jamais admis positivement ni par la loi civile, ni par les mœurs.

En Occident, la lutte fut longue pour les canonistes, mais la victoire éclatante.

Le prêt à intérêt semble admis sans difficulté par le Bréviaire d'Alaric, par la loi salique, par le code des Wisigoths. Ce dernier recueil fixe même l'intérêt moratoire à 12 %.

Ce contrat était pratiqué sous la monarchie franque. On trouve dans le recueil de Marculphe une formule de prêt avec stipulation d'intérêt (1).

Mais, du jour où les monarchies barbares se placèrent sous l'influence des évêques et des papes, les décisions des conciles et celles des pontifes ne tardèrent pas à inspirer le législateur des capitulaires.

Or, l'Église ne cessa pas, pendant toute cette période, de combattre l'usure. Précisant toutes les décisions antérieures, le synode d'Aachen, au viiie siècle, décida formellement que la défense de prêter à intérêt s'étendait aussi bien aux laïques qu'aux clercs.

Le pouvoir civil devait fatalement en arriver à reproduire cette prohibition. Il était d'ailleurs poussé dans cette voie par le désir des populations, qui ne voyaient pas d'un mauvais œil cette mesure qu'elles accueillaient

(1) Eug. de ROZIÈRES: Formules CCCLXX, t. I, Marculphe.

comme un remède efficace à l'exploitation dont elles étaient victimes.

Les théologiens se trouvaient en effet d'accord avec l'esprit populaire, qui n'a jamais eu de grandes sympathies pour la race des prêteurs : « La profession de prêteur d'argent, dit Bentham, bien qu'elle n'ait été proscrite que depuis l'établissement du christianisme, et seulement chez les peuples chrétiens, n'a pourtant pas été populaire à aucune époque, et dans aucun pays. Ceux qui sacrifient le présent à l'avenir sont naturellement les objets de l'envie de ceux qui ont sacrifié l'avenir au présent. Les enfants qui ont mangé leur gâteau sont les ennemis naturels de ceux qui ont conservé le leur. Tant qu'on espère obtenir l'argent dont on a besoin, et quelque temps encore après qu'on l'a obtenu, on regarde celui qui prête comme un ami et comme un bienfaiteur. Mais bientôt l'argent est dépensé et arrive l'heure maudite où il faut payer. Le bienfaiteur se trouve alors avoir changé de nature, ce n'est plus qu'un tyran et un oppresseur (1) ».

C'est Charlemagne qui, en 789, introduisit dans la législation civile la prohibition du prêt à intérêt concernant les laïques et les clercs. Il réalisa cette réforme dans son capitulaire d'Aix-la-Chapelle « sur la discipline ecclésiastique, la forme et les règles des excommunica-

______

(1) *Défense de l'usure*, BENTHAM, Lettre X.

tions canoniques (1) », et la confirma dans les deux capitulaires de 806 et de 812.

La défense du prêt à intérêt fut consacrée par les conciles de Reims, de Mayence, de Châlons et d'Aix-la-Chapelle, par les décisions de Lothaire, Louis le Débonnaire, Charles le Chauve, Louis IV.

Les usuriers furent frappés de la peine de l'excommunication (2) avec toutes ses conséquences. On les fuyait comme impurs, leurs maisons étaient appelées maisons du diable et, lorsqu'ils mouraient, l'Eglise leur refusait la sépulture ecclésiastique.

Du xe au commencement du xiiie siècle, la conception chrétienne de l'usure fut admise sans protestation. Avec l'école de Bologne et la renaissance du droit romain, on en revint à l'étude d'une législation toute à fait contraire aux principes alors reçus.

Une réaction tenta alors de se produire contre la doctrine canonique. L'épiscopat lutta énergiquement contre la tendance nouvelle à réhabiliter le prêt à intérêt.

Le concile général de Latran (1179) avait renouvelé l'ancienne défense. Les papes et les évêques appliquèrent ses décisions. Les usuriers furent rigoureusement poursuivis.

Le concile de Vienne ordonna d'excommunier les magistrats des villes qui autorisaient le prêt à intérêt.

Le pape Innocent III délia de leurs serments les

(1) BALUZE, I, 209. *Hist.* V, 548.
(2) *Conciles de Meaux* (845), *de Paris* (850), *de Valence* (855).

débiteurs qui s'étaient solennellement engagés à payer des intérêts à leurs bailleurs de fonds.

Les conciles de Lyon, de Lavaur et de Ravennes confirmèrent la doctrine catholique.

Le pouvoir civil qui, comme nous l'avons vu, avait accepté la théorie de l'Église, ne resta pas inactif, il intervint de son côté pour en assurer l'application.

Voici rapidement énumérées les principales ordonnances royales concernant le prêt à intérêt et punissant les usuriers.

En 1211, l'ordonnance de Melun défendit aux barons de tolérer les usuriers sur leurs domaines.

En 1254, Saint Louis prohiba toute espèce de perception d'intérêts : l'ordonnance qui contenait cette disposition fut publiée l'année suivante au concile de Béziers. Ce prince décida en outre que les usuriers chrétiens seraient jugés par les tribunaux ecclésiastiques et que les usuriers juifs dépendraient des juridictions royales.

En 1274 Philippe III ordonna l'expulsion des usuriers étrangers.

Dans l'ordonnance de Maubuisson (juillet 1311) Philippe le Bel punissait de la confiscation de corps et de biens ceux qui, hors des foires de Champagne, prêteraient au taux de plus d'un denier par livre, et ceux qui, aux dites foires, prêteraient au delà de 50 sols pour 100 livres (1). Ce n'est plus la prohibition absolue du

(1) *Anciennes lois françaises,* t. III, p. 11.

prêt à intérêt, cela est indéniable. Le roi, sans nul doute, avait voulu faire une concession aux mœurs, qui en étaient arrivées peu à peu à considérer comme légitime un contrat qu'elles avaient pendant longtemps honni. Devant les protestations unanimes du clergé, Philippe se vit l'année suivante obligé de désavouer ce que nous croyons avoir été son intention primitive.

« Dans l'ordonnance royale de juillet 1311, dit Bourquelot, l'usure est distinguée de l'intérêt « Omnes creditores qui ratione usurarum sub colore interesse... » On voit aussi par d'autres documents qu'à la fin du XIIIe siècle était considéré comme usure et condamné, dans la pratique, le prélèvement d'intérêts excessifs. On possède à cet égard une pièce des plus curieuses, et sur laquelle il est intéressant d'entrer dans quelques détails : C'est le procès-verbal d'une enquête faite en 1289, le 29 octobre, par le sénéchal du roi dans le ressort de Beaucaire et de Nimes, au sujet des usures que le bruit public attribuait aux marchands toscans et lombards des conventions royales, qui séjournaient à Nimes. Plusieurs témoins furent entendus, et ils s'accordèrent à dire que les Italiens de Nimes se livraient à des usures immodérées, qu'ils ruinaient le pays et qu'ils accablaient les particuliers. Le chiffre des usures nous montre, ainsi que je l'ai énoncé, que l'opinion publique et l'autorité n'attachaient pas de culpabilité au prélèvement d'un intérêt modéré (1) »

(1) Félix Bourquelot. — *Les foires de Champagne et de Brie* p. 118.

Dans son ordonnance de Poissy (décembre 1312), Philippe-le-Bel en revint à la défense de toute usure. Il nous dit que certains jurisconsultes « simples ou malicieux, » avaient interprété sa précédente ordonnance comme autorisant les menues usures, que sa pensée était ainsi travestie, car il avait l'intention bien arrêtée de maintenir au contraire avec énergie la défense « de toutes manières d'usure de quelque quantité qu'elles soient causées, comme elles sont de Dieu et des Saints Pères défendues. » Le roi réserve la peine de confiscation de corps pour les grosses usures. Dans les cas moins graves, le juge sera libre d'appliquer la peine qu'il jugera convenable « selon Dieu et droiture, profit public des sujets de notre royaume sera à faire (1) ».

Le prêt à intérêt était entré dans les mœurs. Il était ouvertement pratiqué, encouragé même par les ordonnances, à l'époque et sur l'emplacement des foires périodiques. Les Juifs et les Lombards, bien que constamment persécutés, avaient ouvert boutiques dans certaines villes et faisaient couramment le commerce de l'argent. Dès le XIV⁰ siècle, le mouvement contre lequel proteste l'ordonnance de Poissy, la tendance à tolérer les menues usures, ira en s'accentuant.

L'ordonnance d'Orléans du 25 mars 1332, rendue par Philippe de Valois, maintient les anciennes prohibitions, mais ne punit pas l'usure qui ne dépasse pas un denier à la livre par semaine.

(1) *Anciennes lois françaises*, t. III, p. 27.

En 1510, Louis XII défend aux notaires de recevoir des contrats usuraires sous peine d'amende et de destitution. Il réduit le maximum du taux à 5 %.

François Ier, Charles IX et Henri III confirment simplement la législation existante.

Nous rappellerons ici deux articles de l'ordonnance rendue par Henri III à Blois, en 1579, qui sont souvent cités :

Art. 202. — « Faisons inhibitions et défenses à toutes personnes, de quelque état ou condition qu'elles soient, d'exercer aucune usure ou prêter leurs deniers à profits et intérêts ou bailler marchandises à pertes de finance par eux ou par d'autres, encore que ce fut sous prétexte de commerce, à peine pour la première fois d'amende honorable, bannissement et condamnations à de grosses amendes dont le quart sera adjugé aux dénonciateurs, et pour la deuxième fois de confiscation de corps et de biens, ce que semblablement nous voulons être observé contre les proxénètes, médiateurs et entremetteurs de tels trafics et contrats illicites réprouvés. Sinon au cas qu'ils vinssent volontairement à la révélation, auquel cas ils seront exempts de la peine ».

Art. 362. — « Il est enjoint à tous les juges de faire observer l'ordonnance faite sur la revente des marchandises appelée à perte de finance et non seulement de dénier toute action à de tels vendeurs, supposeurs de prêts, mais aussi procéder rigoureusement contre eux et contre

les courtiers et racheteurs qui se trouveront être participants de tels trafics, par nullité et confiscation de leurs biens, amende honorable et autres peines corporelles, selon les circonstances et sans aucune dissimulation ni connivence (1). »

L'ordonnance de Blois en revint donc à l'ancienne défense absolue de la perception d'intérêt. Elle tenta de réagir contre le mouvement de réhabilitation du prêt à intérêt qui, dit Troplong, « se propageait dans certaines provinces du ressort du parlement de Paris et bravait la sévérité de ce corps judiciaire, plus attaché que tous les autres aux doctrines des canonistes et aux ordonnances des rois sur les faits d'usure (2). »

Remarquons aussi dans ces textes deux choses: d'abord l'insistance du législateur à indiquer qu'on ne doit pas, pour punir l'usure, distinguer entre le prêt civil et le prêt commercial, entre le prêt de consomption et le prêt d'emploi; ensuite sa défense expresse de l'expédient appelé revente à perte de finance « qui se faisait par la revente de la même marchandise à personnes supposées. »

Henri IV renouvela, par l'édit de 1605, la prohibition de l'usure, et ordonna de poursuivre les usuriers par la voie extraordinaire, c'est-à-dire de faire intervenir le ministère public dans les procès intentés contre eux.

En 1629, une ordonnance de Louis XIII (art. 151),

(1) *Anciennes lois françaises*, t. XIV.
(2) TROPLONG. *Du prêt*, p. 151.

s'exprime ainsi : « Défendons à nos sujets toutes sortes d'usures, ni de traiter en autre forme que celle prescrite par nos ordonnances, prendre et recevoir plus haut intérêt que du denier seize, sur peine de confiscation des sommes principales et condamnation d'amendes selon la qualité des sommes et excès d'usures... (1) »

L'ordonnance du commerce de 1673 prohibe l'anatocisme en toutes circonstances (T. IV, art. 2).

Enfin, un arrêt de règlement de 1777 ordonne de s'en rapporter, pour l'usure, à la législation toujours en vigueur des ordonnances royales et arrêts de règlement de la Cour.

En résumé voici quel fut le régime du prêt à intérêt dans notre ancien droit :

Dans les pays de coutumes, comme dans le ressort du parlement de Paris, le régime fut, au début, la prohibition absolue de toute usure lucratoire, formelle ou palliée.

Nul ne pouvait, directement ou indirectement, tirer profit d'un prêt d'argent. En cas de stipulation d'intérêt, l'emprunteur ne pouvait être contraint à les payer; s'il avait déjà versé les intérêts promis, il pouvait les répéter. Le prêteur convaincu d'usure était poursuivi et puni pénalement (2).

____

(1) *Anciennes lois françaises*, t. xv, p. 268.
(2) Dans les pays de droit écrit, où la législation ne fut jamais complètement soustraite à l'influence du droit romain, la prohibition du prêt lucratoire ne fut jamais aussi rigoureuse que dans

Mais cette prohibition était impraticable : elle fut constamment violée. Peu à peu, se fit jour une tendance à tolérer les menues usures. nous en avons retrouvé l'écho dans le droit des ordonnances.

Le système de la fin de notre ancien droit a été en réalité le système de la liberté du prêt avec taux maximum [1].

Avant d'en arriver là, les fonctions économiques du contrat prohibé avaient été plus ou moins bien remplies par divers subterfuges juridiques.

Il y avait, d'autre part, presque toujours eu une classe d'individus à qui l'on avait laissé pratiquer le prêt à intérêt.

Nous avons déjà énuméré quelques-uns des contrats qui servaient à tourner la règle primitive : la rente perpétuelle, le mohatra, le triple contrat.

Nous ajouterons à cette liste la société en commandite. la vente à réméré, la lettre de change, le contrat pignoratif qu'utilisèrent aussi les prêteurs pour dissimuler leurs opérations.

Molière, dans l'Avare, nous montre un fils de famille obligé d'en passer par les exigences aussi comiques que dispendieuses d'un usurier : « De quinze mille francs qu'on demande, annonce la Flèche à Cléanthe, le pré-

les pays de coutumes. Certains parlements même, comme ceux de Grenoble et de Pau, reconnaissaient formellement la validité d'une stipulation d'intérêts jointe à un prêt quelconque.

(1) BAUDRY et WAHL. *Du prêt*. p. 423.

teur ne pourra compter en argent que douze mille francs et, pour les mille écus restant, il faudra que l'emprunteur prenne les hardes, nippes et bijoux dont s'ensuit le mémoire (1) » et Cléanthe se trouvera ainsi en possession de trois mousquets, un fourneau de brique, un luth, une peau de lézard qu'il devra utiliser ou essayer de revendre. C'est là un procédé usuraire très simple dont les marchands usaient quotidiennement.

On se servit aussi, pour réclamer des intérêts, de la faculté reconnue aux prêteurs de percevoir des intérêts compensatoires, soit à raison du retard apporté par l'emprunteur dans son paiement, soit à raison d'un préjudice quelconque subi par les bailleurs de fonds comme conséquence du prêt lui-même. On stipulait par exemple des intérêts moratoires très élevés, pour le cas où le capital ne serait pas payé à un temps très rapproché.

La jurisprudence, fermant les yeux sur la véritable intention des parties, finit par devenir complice des violations de la règle.

Enfin, la loi elle-même s'était départie de sa rigueur, d'abord à l'égard des Juifs, puis à l'égard des banquiers Lombards et Caorsins. Ces trafiquants, établis à poste fixe dans certains quartiers des villes commerçantes, ou bien se transportant périodiquement aux foires, pratiquaient, en même temps que le change, le prêt à intérêt. Accablés d'impôts, soumis à un régime arbi-

(1) *L'Avare*, acte II, scène I.

traire qui les chassait et les rappelait tour à tour, ils n'en ont pas moins exercé d'une façon quasi permanente leur commerce de l'argent. Nous allons dire quelques mots des changeurs et des foires.

Les Juifs. — Il y avait déjà des Juifs en Gaule avant l'ère chrétienne; mais c'est après la ruine de Jérusalem et la dispersion du peuple israélite par Adrien (136), qu'ils vinrent en grand nombre s'installer dans l'Europe méridionale.

Dans les premiers temps, ils ne durent être l'objet d'aucune antipathie particulière, mais la puissance catholique naissante ne tarda pas à montrer à leur égard un parti pris évident.

Lorsque le Christianisme fut devenu la religion de l'Empire, la situation des Juifs devint tout à fait précaire.

La passion religieuse contre les déicides ne fut pas la seule raison qui devait pousser les populations chrétiennes à haïr les israélites. Les peuples de l'Europe occidentale, et spécialement ceux de la Gaule, ne pouvaient ni comprendre ni aimer cette nation exilée parmi eux, qui conservait obstinément des coutumes qui leur semblaient étranges, que l'on disait secrètement criminelles.

Ces exotiques, qui avaient amené avec eux la lèpre, semblaient physiquement impurs. Au moral, leur esprit de lucre répugnait à la masse. Les Juifs ne paraissaient s'être fixés en Europe que pour s'enrichir par le com merce. Seuls avec les Syriens, d'autres étrangers, ils étaient les trafiquants cupides qui apportaient aux foires les esclaves et les produits d'au delà des mers. Les pauvres populations d'artisans, qui peinaient pour gagner leur misérable vie, les voyaient s'enrichir avec envie.

La légende leur reprochait mille crimes. On les accusait de trafiquer des enfants chrétiens et de faire des sacrifices humains.

Ce qui devait surtout leur attirer l'antipathie générale, c'est qu'ils se spécialisèrent bientôt dans le commerce de l'argent et qu'ils devinrent une race d'usuriers.

C'est à partir du ve siècle que commença le mouvement d'opinion qui aboutit à la mise au ban de la société du peuple juif.

On chercha, par les persécutions et les supplices, à leur faire renier leur culte. L'empereur Héraclius légiféra contre eux. De bonne heure, on les avait jugés indignes de faire partie des armées ; les conciles complétèrent leurs incapacités en leur défendant de se marier avec des chrétiens, en les déclarant absolument exclus des fonctions publiques.

Pendant tout le moyen âge, les Juifs, considérés comme formant une race inférieure, devaient vivre à côté et en dehors de la société régulière dont ils étaient les banquiers.

Singuliers banquiers que « ces parias au nez crochu,

la robe déshonorée par une rondelle jaune cousue dans le dos, qui se tiennent en plein air derrière leurs tables comme nos marchands des quatres saisons !

A eux, le droit commun ne s'applique pas : ils sont un peu moins que des hommes. Ils sont classés dans les tarifs des péages féodaux parmi les marchandises ; entre le grand cheval qui paye 8 sous, et le millier de harengs qui doit 10 deniers, prend place le Juif taxé à trente deniers au passage de la frontière » 1.

Le moyen âge ne put pas se passer de prêteurs plus que n'importe quelle autre période de l'histoire de l'humanité. Comme le prêt à intérêt était défendu, et que l'on considérait le métier d'usurier comme infamant, on pensait que, s'il était indigne d'un chrétien, on pouvait bien l'accepter chez les Juifs.

On tolérait l'usure comme, dans nos états modernes, on tolère la prostitution, c'est-à-dire comme un vice honteux, mais nécessaire : on lui assignait des quartiers spéciaux. On allait même jusqu'à obliger les juifs à porter sur leur costume un signe distinctif.

Les prêteurs étaient d'un bon rapport pour les princes, qui ne leur concédaient la liberté pourtant précaire dont ils jouissaient, que moyennant finance, et qui, en outre, les accablaient d'impôts.

Poussés par l'opinion publique, peut être aussi un peu par l'attrait du profit à réaliser, les rois et les sei-

(1) Vicomte d'AVENEL. *Histoire économique de la propriété,* t. I, p. 109.

gueurs chassèrent maintes fois les prêteurs, accompagnant chaque expulsion de quelque habile confiscation.

Les juifs ne se lassaient jamais, ils revenaient sans cesse occuper leurs fructueux comptoirs; l'autorité d'ailleurs fermait les yeux sur leur retour.

Les princes, les papes même avaient besoin de ces trafiquants, et ne se faisaient pas scrupule de leur emprunter. A certaines époques, on voit les Juifs jouir d'une véritable protection.

Au xiiie siècle, un souverain pontife adresse de Lyon à Thibault le Posthume, comte de Champagne, trois bulles pour recommander à sa sollicitude certains Juifs de ses domaines, que des chrétiens prétendaient ne pas rembourser.

Il est assez fréquent de voir des officialités ecclésiastiques se charger de forcer les emprunteurs à s'acquitter envers eux.

Néanmoins les Juifs ne furent jamais que des serfs à la merci, plus que tous les autres serfs, de la volonté du seigneur.

C'étaient, avant tout des objets de valeur. Les princes parlaient de leurs juifs comme ils parlaient de leurs terres, et étaient particulièrement jaloux des prérogatives qu'ils avaient à leur égard.

Les grands s'engageaient mutuellement à ne pas attirer chez eux des Juifs étrangers, ils discutaient et transigeaient à leur occasion. Des enquêtes longues et minutieuses furent faites pour déterminer à quel seigneur appartenait tel ou tel Juif.

Tantôt massacrés comme sous Dagobert, tantôt assez largement tolérés comme sous Charlemagne, les israélites ne furent pas l'objet d'une mesure générale de bannissement avant le XIIᵉ siècle.

Au commencement du XIᵉ siècle, la haine séculaire des Juifs surexcitée par la passion religieuse se traduisit par de terribles persécutions : « C'était l'époque des accès fanatiques. Les prédicateurs des croisades enflammèrent l'esprit du peuple contre les israélites, comme si tous les événements publics eussent dû tourner contre eux. Les historiens du Moyen Age, avec leur indifférence ordinaire pour l'humanité, nous apprennent la logique singulière qui fit cette fois le malheur de la nation hébraïque en France et ailleurs. A Rouen les gens qui devaient aller en croisade dirent un jour entre eux : « Nous allons faire un voyage immense pour combattre dans l'Orient des ennemis de Dieu, tandis que nous avons sous les yeux les plus grands ennemis que Dieu ait jamais eus » (1). En conséquence avant de partir pour la guerre lointaine, les Croisés prirent l'habitude de préluder à la destruction des musulmans en massacrant nombre de Juifs.

Malgré les exhortations du clergé éclairé, ces excès se renouvelèrent souvent.

(1) DEPPING. *Les Juifs au Moyen Age*, p. 127.

En 1182, pour satisfaire la haine générale, Philippe Auguste bannit les juifs du royaume. Il ordonna la confiscation de leurs immeubles, et leur accorda un délai de trois mois pour quitter la France après avoir réalisé leur fortune mobilière. Ce délai était trop court ; la mesure équivalait à un véritable dépouillement. On s'en rendit bien compte alors ; un historien de l'époque justifia le roi de France en disant qu'il n'avait fait qu'imiter Pharaon qui, jadis, avait chassé les Juifs d'Egypte après s'être emparé de leurs biens. Par une ordonnance (1) rendue quelques mois après, Philippe Auguste autorisa les débiteurs des israélites à se libérer des obligations contractées envers eux, en versant au trésor royal la cinquième partie de ce qu'ils devaient.

Le roi fit, entre temps, brûler vifs à Bray-sur-Seine quatre-vingts Juifs désignés par la rumeur publique comme ayant crucifié un chrétien accusé de meurtre.

Plus tard il revint à de meilleurs sentiments à l'égard de ces malheureux. Il les laissa rentrer en France et, en 1206, il régla par une ordonnance les conditions auxquelles ils pourraient prêter (2). Un officier public fut chargé de surveiller les israélites et d'apposer sur les obligations contractées en leur faveur un sceau particulier.

(1) *Anciennes lois françaises*, t. I. p. 170
(2) *Anciennes lois françaises*, t. I, p 199.

L'Église elle-même toléra l'usure juive : c'est ainsi que le concile général de Latran de 1215, qui approuva les incapacités dont les Juifs étaient frappés, ne leur défendait que les grosses usures (1).

Saint Louis, après avoir ordonné aux Juifs de cesser de vivre du commerce de l'argent, et de se mettre à exercer les professions ordinaires du peuple, les chassa de France, lorsqu'il se fut aperçu que ses exhortations étaient restées vaines.

Philippe le Hardi leur permit de revenir en France. Ce roi favorisa d'abord l'établissement des changeurs sur tout le territoire du royaume, c'est ainsi qu'il autorisa les banquiers à s'installer à Nîmes. Mais, en août 1274, il changea de sentiment, et ordonna l'expulsion de tous les prêteurs tant « des terres du roi que de celles des barons (2). »

Philippe le Bel, qui, au début de son règne, avait cherché à réunir sur ses domaines le plus de Juifs possible, qui, en 1299, acheta à son frère pour vingt-mille livres tous les Juifs du comté de Valois (3), les chassa, en 1303 et confisqua leurs biens.

(1) Il faut néanmoins faire remarquer que la plupart des conciles qui se tinrent en France au XIIIᵉ siècle se montrèrent impitoyables à l'égard des usuriers juifs, que quelques-uns allèrent jusqu'à défendre aux juges de poursuivre les procès relatifs aux créances des israélites.

(2) *Anciennes lois françaises*, t. II, p 651.

(3) BOUTARIC: *La France sous Philippe-le-Bel*, p. 301.

Rappelés par Louis le Hutin, il furent cruellement persécutés sous Philippe-le-Long.

En 1360, ce sont les usuriers juifs qui aident à payer la rançon du roi Jean, prisonnier des Anglais.

Charles V réglementa leurs opérations et les accabla d'impôts.

Dans les dernières années du xive siècle, l'opinion publique réclama des mesures contre les Juifs. Charles VI profita, pour la contenter, d'une occasion : un rabbin qui s'était fait chrétien avait été tué par ses ex-coréligionnaires : on rendit responsable de ce crime toute la race des usuriers, qui fut une nouvelle fois expulsée du royaume.

Ce fut le dernier bannissement en masse des Juifs A partir de cette époque, ils jouiront d'une tranquillité relative.

« Au xvie siècle, les israélites seront atteints d'une autre manière, mais beaucoup plus sûrement. Les chrétiens leur feront ouvertement concurrence (1). »

La Révolution leur accorda l'assimilation aux autres citoyens. Depuis lors, sauf pendant quelques années, sous le premier empire ; ils sont restés sous le régime du droit commun.

Les Lombards et les Caorsins. — Au xive siècle, on trouve installés dans les villes commerçantes et dans les foires, les changeurs professionnels que l'on désigne

____

(1) D'AVENEL. *Histoire économique de la propriété,* t. i, p. 113.

sous les noms de Lombards et de Caorsins. C'étaient des commerçants italiens qui, avec la permission des princes, acquise à prix d'or, étaient venus s'installer en France pour y pratiquer le commerce de l'argent (1).

Ils faisaient concurrence aux Juifs et n'étaient guère mieux vus qu'eux. Comme eux, ils furent fortement imposés. Comme eux, ils durent habiter des quartiers spéciaux, et porter sur leur costume un signe qui les fît facilement reconnaître. Ils passèrent par les mêmes alternatives de persécutions et de tolérances, et suivirent souvent les Juifs en exil.

Les Lombards et les Caorsins étaient aussi cupides que les Juifs. D'ailleurs, étant donnés les risques nombreux qu'ils couraient, les charges énormes qui pesaient sur eux, leurs prêts ne pouvaient pas ne pas être usuraires.

Mathieu Paris nous a conservé la formule des billets que leur souscrivaient les malheureux emprunteurs

(1) On s'est demandé d'où venait l'appellation de Caorsins. D'après Adrien de Valois et Muratori, ce nom serait purement et simplement celui des indigènes de Cahors qui se livraient à l'usure. D'autres érudits ont soutenu que les Caorsins étaient les descendants de la célèbre famille florentine des Corsini, que c'étaient des commerçants originaires de Caorsa en Piémont. En réalité, les Caorsins étaient des changeurs italiens. On leur donna ce nom parce que c'est à Cahors qu'ils établirent leurs premiers comptoirs, d'où ils rayonnèrent sur toute la France. À l'appui de cette opinion, on peut remarquer que Mathieu Paris qualifie les Caorsins de Transalpins, que les ordonnances les appellent ultramontains et étrangers.

obligés d'en passer par leurs exigences : « Si l'argent prêté n'est pas payé et rendu aux termes et lieu convenus, nous permettons, y disent les débiteurs, et nous sommes tenus de donner et de rendre aux susdits marchands, ou à l'un d'eux, ou à un de leurs délégués, tous les deux mois, un marc par chaque dizaine de marcs prêtés (ce qui faisait 60 % d'intérêt) et pour indemniser lesdits marchands des dommages et des pertes qui pourraient en résulter pour eux... nous nous engageons à payer jusqu'à l'entière extinction de la dette les dépenses d'un marchand avec un cheval et un serviteur, etc... (1) »

L'auteur de la divine comédie, qui n'aimait pas les usuriers, étant lui-même très pauvre, et ayant dû passer par leurs mains, n'est pas tendre pour ses compatriotes de Cahors. « On peut, dit-il, offenser Dieu en le reniant, en le blasphémant dans son cœur et en méprisant la nature et la bonté divine. C'est pourquoi le circuit le plus étroit de l'enfer porte la marque de Sodome et de Cahors et renferme ceux qui, dans leur conscience ou en paroles, se sont rendus coupables envers Dieu (2). »

« Lorsque Edouard III eut besoin d'argent pour son voyage en France, il eut recours aux Caorsins qui travaillaient les fortunes de ses sujets de la Guyenne, du Quercy et de l'Angleterre, malgré le bannissement pro-

(1) *Magasin Pittoresque*, année 1842, p. 335.
(2) *L'enfer*. Chant. XI, p. 34. *La divine Comédie*, trad. DURAND-FARDEL.

voqué contre eux par Henri III dans ses terres d'Outre-Mer. Le vainqueur de Crécy s'estima heureux, dans ses embarras financiers, de leur emprunter 5.000 marcs moyennant 2.000 de récompense (1). »

Les changeurs de Cahors qui avaient acquis une réputation universelle, furent de bonne heure une importante source de revenus pour leur évêque.

Par une bulle du pape Alexandre III, de janvier 1166, ce dernier fut autorisé à réaliser sur les biens des usuriers et autres pécheurs de la ville une somme suffisante pour construire un pont sur le Lot. Ce pont, édifié surtout aux frais des Caorsins, existe encore aujourd'hui.

Nous mentionnerons enfin, pour mémoire, parmi les manieurs d'argent, les Templiers qui semblent, pendant quelque temps, avoir été les banquiers des princes (2).

Les foires. — Au Moyen Age, la vie commerciale était peu active. La difficulté des communications, le peu de sûreté des routes, que le gendarme héréditaire ne se gênait pas pour écumer, empêchaient les transactions de s'opérer d'une façon courante et normale.

La plus grande partie du commerce du royaume se faisait dans les foires. Ces foires étaient des réunions périodiques où les trafiquants français et étrangers avaient pris, depuis fort longtemps, l'habitude de se ren-

____

(1) RYMER. *De acta et federa*, t. IV, p. 387.
(2) V. Léopold DELISLE. *Administration financière des Templiers*.

contrer, sous la protection onéreuse du roi ou d'un puissant seigneur. Les habitants des campagnes y venaient s'approvisionner. On y vendait de tout. On y faisait aussi le commerce de l'argent : il était même d'usage de choisir le lieu et le temps des foires pour servir de lieu et de temps au paiement des dettes contractées ailleurs.

Les foires de Champagne et de Brie, qui se tenaient à Troyes, à Bar, à Lagny et à Provins, furent les plus fameuses des anciennes foires de France.

Elles étaient plus anciennes que le comté lui-même. Leur existence est attestée, en l'an 427, par une lettre de Sidoine Apollinaire à Saint-Loup.

Une missive de Louis VII, de l'an 1179, sur la police de la ville d'Étampes, nous apprend que les Juifs se livraient à leur trafic sur les foires de cette ville (1).

Dans l'intérêt du commerce, les ordonnances royales permirent aux banquiers juifs, lombards ou caorsins de pratiquer ouvertement le prêt à intérêt dans ces foires. Le pouvoir invitait même les changeurs à se déplacer et protégeait leurs voyages. Les ordonnances firent, à l'occasion de ces foires, des règlements spéciaux pour les prêts qui y étaient pratiqués. Le taux que l'on permettait aux foires était ordinairement plus élevé que celui qui était généralement toléré ; on considérait que l'argent d'un commerçant ou prêté à un commerçant

____

(1) DEPPING. *Les Juifs au Moyen Age,* p. 132.

doit rapporter plus, parce que en matière d'opérations commerciales les bénéfices sont considérables. Néanmoins il n'en était pas toujours de même : c'est ainsi que Philippe-le-Bel, dans son ordonnence de 1311, fixe pour les prêts faits aux foires de Champagne un taux inférieur au taux des prêts ordinaires. Nous l'avons vu plus haut.

Charles IV confirma les priviléges accordés aux prêteurs sur les foires ; il enjoignit même « aux Italiens et Oultremontains, presteurs et casseniers de fréquenter des foires de Champagne à peine d'expulsion du royaume. »

L'ordonnance de Vincennes, du 6 août 1349, défend aux marchands fréquentant les foires, « sur peine de corps et de biens à encourir, qu'ils ne prestent point un an plus haut que quinze livres pour cent (1) ».

Lorsqu'un marchand violait la loi, on lui défendait l'entrée de la foire.

« Le métier de changeur aux foires de Champagne dit M. Bourquelot, était une sorte d'office public. D'après les ordonnances royales, en 1327, les changeurs devaient être choisis et ordonnés par les gardes des foires. Ils avaient donc un certain caractère officiel, et, sans doute, l'autorité exigeait, de ceux qu'elle désignait, des garanties d'honnêteté et de solvabilité.

La condition spéciale des changeurs des foires est indiquée dans une ordonnance royale de 1277, portant

---

(1) *Anciennes lois françaises.* t. IV, p. 552.

que certains marchands italiens autorisés à commercer à Nîmes auront « *tabulam, campsariam, et stationem sicut habent in nundis Campaniæ.* » Les changeurs occupaient en Champagne une position assez élevée (1).

L'auteur, à l'appui de cette dernière assertion, qui nous montre les prêteurs jouissant d'une considération dont nous ne les avons pas vus souvent entourés, nous dit que des actes de l'époque signalent certains changeurs comme ayant occupé des fonctions publiques et honorifiques.

Les comtes de Champagne tiraient profit des changeurs, mais ils savaient les protéger. Un jour, les prêteurs de Vézelay venant aux foires de Provins furent dévalisés sur le domaine royal; le comte de Champagne exigea que le ministre de Louis VII chatiât les agresseurs et les obligeât à restituer leur butin.

Les changeurs se rendirent en grand nombre aux foires de Lyon, lorsque, au xv⁰ siècle, ces dernières vinrent éclipser les anciens marchés de Champagne.

Le rôle des Caorsins et des Lombards devait, à partir du xvi⁰ siècle, bien diminuer d'importance. C'est à cette époque que les mœurs se modifièrent, et que les chrétiens commencèrent à s'initier au commerce de la banque.

Quelles que soient les exceptions admises et les fraudes tolérées, le prêt à intérêt n'en est pas moins

______

(1) Bourquelot F. *Les foires de Champagne,* p. 128.

resté longtemps défendu et méprisé. L'opinion publique, en effet, complètement acquise à l'esprit religieux, considéra pendant de longs siècles le commerce de l'argent comme un métier criminel et honteux.

Comment en est-elle arrivée à se transformer, à considérer le prêt à intérêt comme un acte tout à fait naturel et nullement répréhensible ?

M. J. Platon, dans un article récent, explique ainsi cette évolution (1).

Notre auteur, il faut le dire, est partisan de prohibition du prêt à intérêt : c'est un socialiste. Il approuve sans réserve le système canonique, et se félicite même des fraudes qu'il a engendrées. Le contrat de constitution de rente, à son avis, a permis une certaine circulation de l'argent, tout en préservant le corps social du grand danger de l'exaspération de l'usure.

Si l'Europe chrétienne, dit-il, a abandonné l'admirable conception canoniste, c'est à la suite d'un mouvement que l'on doit déplorer.

Le protestantisme donna le premier coup de pioche à l'édifice. Luther prépara le terrain en reconnaissant au Prince le droit de légiférer à l'encontre des prescriptions religieuses. « Bucer, Calvin, Saumaise, Dumoulin n'ont fait qu'ouvrir toute grande la porte entrebaillée. »

L'influence de l'esprit juif fera le reste, et l'on peut

(1) *Etude sur la démocratie ancienne. Le Devenir social.* Juillet-août 1898. P. 168 et s.

dire que désormais c'en est fait de l'idée chrétienne, des pensées d'amour et de charité : le monde va être livré aux conceptions « du pharisaïsme cupide de la la Réforme. »

« De la simple lecture des constitutions des papes et des décrets des conciles, ne ressort-il pas l'impression nette de ce qu'a été fondamentalement au point de vue social et économique la société au moyen âge? D'une part, la masse chrétienne à laquelle est rigoureusement interdite la pratique de l'usure, sur laquelle pèse de tout son poids la discipline ecclésiastique et son enseignement ; l'âme de nos populations au XIᵉ XIIᵉ et XIIIᵉ siècle s'empreint de plus en plus d'esprit chrétien, et arrive à sentir véritablement dans l'usure le pire des péchés; la grandeur des peines qui y sont attachées : excommunication, privation de la sépulture, incapacité de tester est bien faite, il faut en convenir, pour lui enfoncer cette idée dans l'esprit.

Puis, comme dans les interstices de la société chrétienne et cependant tout à fait séparée d'elle, à la faveur de privilèges accordés dans un réel esprit de bonté, la société juive, dont les malheurs comme peuple ont fait une société aigrie, hargneuse, travaillée de toutes sortes de désirs de revanche et de vengeance, voyant partout autour d'elle l'ennemi, contre lequel tous les moyens sont bons, et surtout cette arme traîtresse et doucereuse de l'usure, dont il a été dit au Deutéronome : tu ne prendras pas d'usure de ton frère, mais tu en prendras de ton ennemi.

Alors commencera le drame, quelque chose comme le drame de Faust et de Marguerite. Marguerite, c'est la population chrétienne, naïve, idéaliste. Le vieux docteur, l'ami de Mephisto, c'est le Juif... » et plus loin « presque dès le premier moment, survient au vieux trompeur un secours inespéré de quelqu'un dont le strict devoir eut été au contraire de s'opposer de toutes ses forces à l'œuvre infâme : j'ai dit le secours du Prince, du Roi, de l'État moderne naissant. Le Juif usurier devient pour l'autorité une source de revenus, que se disputent les puissances séculières. Depuis la fin du xiie siècle, les Juifs ont pris pied dans le pays et sont devenus un indispensable agent de la vie financière. »

S'il faut en croire M. Platon, désormais l'histoire nous fera assister à la lutte victorieuse du judaïsme contre la civilisation chrétienne. Les persécutions seront impuissantes et ne pourront enrayer le mouvement. On peut dire aujourd'hui que l'organisme chrétien atteint d'un virus mortel, l'usure juive, se meurt de « judaïsation graduelle. »

C'est là une thèse originale mais inexacte. Si le prêt à intérêt est entré dans nos mœurs, ce n'est point parce que le mercantilisme juif a supplanté l'esprit de charité du christianisme, c'est purement et simplement parce que ce contrat nécessaire à la vie économique devait un jour ou l'autre reprendre dans nos codes la place que, logiquement, il n'aurait jamais dû cesser d'occuper.

Il est en effet dans l'ordre des choses, que celui qui a acquis un capital puisse en tirer profit en mettant ce capital à la disposition de celui qui n'en a pas acquis un et qui a intérêt à se procurer un instrument de travail à un prix raisonnable.

Pour arriver à ce double résultat : fructification aisée du capital, bon marché du crédit, il faut laisser les capitalistes disposer librement de leur argent. La sévérité de notre ancien législateur n'aboutit qu'à aggraver les maux de l'usure.

Dès le XVIe siècle, la doctrine canonique avait été vigoureusement attaquée par les hommes de la Réforme et par les Romanistes.

Bossuet avait répondu, dans son traité de l'usure, aux théologiens qui avaient accusé les conciles d'avoir mal interprété les paroles du Seigneur.

Domat, de son côté, défend la tradition catholique : « Si, dit-il, on veut donc pénétrer quel est le caractère de l'iniquité qui rend l'usure si criminelle aux yeux de Dieu, et qui doit la faire sentir telle à notre cœur et à notre esprit, il n'y a qu'à considérer quelle est la nature du contrat du prêt, pour juger si l'intérêt peut y être juste. Et on reconnaîtra par les principes naturels que Dieu a donné à ce contrat, dans la société des hommes, que l'usure est un crime qui viole ces principes et qui ruine les fondements mêmes de l'ordre de la Société. (1) ».

____

(1) DOMAT. *Les lois civiles dans leur ordre naturel*, p. 79.

Benoît XIV confirma la prohibition du prêt à intérêt dans son encyclique *Vix Pervenit*. Pothier l'exposa et l'approuva dans ses ouvrages. Elle devait subsister théoriquement jusqu'à la fin de notre ancien droit.

Mais la cause de la liberté de l'intérêt avait eu aussi ses illustres champions.

Montesquieu avait préparé la voie en réclamant pour la richesse mobilière la liberté que l'ancienne législation n'avait jamais refusée au capital immobilier. Les économistes firent aboutir le mouvement. Locke, Adam Smith, Bentham, Turgot n'eurent pas de peine à démontrer le peu de fondement de la prohibition canonique, son impossibilité matérielle de mise en pratique, l'arbitraire auquel elle aboutissait.

« Le prêt à intérêt, dit notamment Turgot, ne produit dans la Société aucun mal qu'on puisse imputer à la nature de ce contrat, et dans le seul cas où les pratiques usuraires sont accompagnées de quelque danger réel, ce n'est point dans l'usure proprement dite que résident le crime et le danger, et les lois peuvent y pourvoir sans donner aucune restriction à la liberté du prêt à intérêt (1). »

Il était réservé au législateur de la Révolution de proclamer d'une façon positive la liberté de ce contrat.

(1) *Mémoire sur les prêts d'argent*. TURGOT. p. 280.

§ IV. — ANCIENNES SANCTIONS DU DÉLIT D'USURE

Suivant en cela les décisions du concile de Nicée et des conciles postérieurs, l'Église commença par punir de la déposition les clercs convaincus d'usure.

Puis, comme elle avait étendu la défense du prêt à intérêt aux laïques, elle songea à établir une peine qui put atteindre ces derniers. Le pouvoir ecclésiastique décida que tous les usuriers sans distinction, clercs ou laïques, seraient frappés d'excommunication, lorsqu'il aurait été prouvé qu'ils avaient prêté à usure. En conséquence, les usuriers étaient privés de la communion, mis au ban de la société catholique, et, s'ils mouraient sans avoir fait pénitence et restitué le fruit de leurs crimes, on leur interdisait la sépulture chrétienne (1).

L'Église alla plus loin contre ceux qui enseigneraient sur l'usure une doctrine contraire à la sienne. Elle décida que ceux-là seraient punis comme hérétiques (2).

Pour les usures de peu d'importance, la peine la plus usitée devait être, outre la restitution, l'aumône qui permettait, sans exagérer la répression, de proportionner la pénitence au péché commis.

L'usure étant un de ces délits qui puisaient leur cri-

____

(1) *Recueil des lois ecclésiastiques dans leur ordre naturel*, d'HÉRICOURT. — B. XIV, 4. — D. III. 1. — E. XXIV, 32.
(2) *Concile de Vienne*. 1311.

minalité dans la violation d'une règle imposée au nom de la foi, pendant longtemps les tribunaux ecclésiastiques durent être les seuls à en connaître.

Saint Louis, nous l'avons vu, tout en réservant aux juridictions royales les poursuites particulièrement fructueuses intentées contre les usuriers juifs, laissa sans hésitation aux évêques et aux officialités la connaissance des usures perpétrées par des chrétiens.

Mais l'État devait fatalement, un jour ou l'autre, chercher à reconquérir le pouvoir judiciaire usurpé par l'Église. La lutte commença au XIVᵉ siècle. Le pouvoir royal secondé par les juristes ne tarda pas à battre en brèche la juridiction ecclésiastique. Le délit d'usure fut ramené devant les tribunaux du roi.

Nous allons énumérer les peines que le droit des ordonnances appliqua aux usuriers.

Il ne fut pas intransigeant et usa d'une certaine tolérance. « Quand, dit Guyot, l'usure ne consiste que dans la stipulation de l'intérêt de l'argent qu'on a prêté par promesse ou par obligation, et que cet intérêt n'excède pas le taux autorisé par la loi dans les cas où l'argent peut produire des intérêts, les juges se contentent de déclarer une telle stipulation nulle et usuraire, et d'ordonner que les intérêts qui ont pu être payés en conséquence seront imputés sur le principal [1]. »

Mais lorsque le juge pensait qu'il y avait véritablement

____

(1) GUYOT, *Répertoire de Jurisprudence*, t. XVII, p 419.

usure répréhensible, le prêteur était frappé d'une peine.

Pour la première fois et pour les usures peu considérables, on prononçait une admonition, un blâme, une amende.

Au cas ou l'usure était excessive, les peines étaient l'amende honorable, le bannissement à temps, les galères à temps.

En cas de récidive, le juge pouvait aller jusqu'à condamner aux bannissements ou aux galères à perpétuité, sanctions qui impliquaient la confiscation de corps et de biens.

Ces dernières peines, évidemment draconiennes, ne semblent pas avoir été souvent prononcées.

Les mêmes mesures sont prises contre les entremetteurs, à moins que ce ne soit par eux que le crime ait été dévoilé (1). Pour augmenter le nombre des poursuites, Louis XII alla même jusqu'à promettre des récompenses aux dénonciateurs, quels qu'ils soient, de l'usure qui viendrait à être prouvée.

Ce système de pénalité fut maintenu par les ordonnances et appliqué par les juridictions jusqu'à la fin de notre ancien droit.

Un arrêt du Parlement de Toulouse, du 9 Novembre 1558, condamne un usurier à 15.000 livres d'amende et au bannissement perpétuel ; un autre arrêt du 14 Août 1567 en condamne un autre à l'amende honorable, au

(1) Guy de Rousseau. *Recueil de Jurisprudence*, p. 834

bannissement pour cinq ans et à la confiscation des sommes (1).

Au xviie siècle le Parlement de Paris applique ordinairement aux usuriers ces trois peines concurrentes: l'amende honorable, le bannissement à temps, une amende arbitraire (2).

Un arrêt du 10 janvier 1736 condamne un usurier à faire amende honorable au parc civil du Châtelet de Paris, avec écriteau devant et derrière portant ces mots. « Usurier public ». à un bannissement de 9 ans, à 50 livres d'amende envers le roi.

Un arrêt du 28 Janvier 1772 prononce une condamnation semblable à la précédente, avec cette seule différence que le patient fait amende honorable la corde au cou.

Dans un arrêt du 10 janvier 1777 nous voyons un usurier condamné au carcan, au bannissement temporaire et à l'amende (3).

Nous allons donner un rapide aperçu de ce qu'étaient les peines dont nous venons de parler.

Admonition. — Cette peine n'était pas infamante, elle consistait en une réprimande publique avec avertissement pour l'avenir. Une amende était quelquefois jointe à l'admonition comme peine accessoire, dans ce cas elle n'avait pas le caractère infamant.

(1) DICTIONNAIRE des ARRÊTS. P. J. *Brillon* t. vi. p. 987.
(2) GUYOT. *Répertoire de Jurisprudence*. t. xvii. p. 417.
(3) GUYOT. *Répertoire de Jurisprudence*. t. xvii p. 417.

Blâme. — C'était une remontrance exprimée en termes plus sévères que l'admonition, une peine infamante qui, dans l'échelle descendante des peines, venait immédiatement après le bannissement à temps (1).

Amende. — L'amende était une peine qui atteignait le condamné dans ses biens, une peine pécuniaire.

« L'amende ne se prononce guère seule sur une procédure extraordinaire ; on la joint presque toujours à quelqu'autre peine, telle que celle du blâme qui est la moindre des peines infamantes » (2).

Il y avait deux sortes d'amendes : les amendes fixées par les ordonnances et les amendes arbitraires.

Les amendes prononcées en cas de délit d'usure étaient des amendes arbitraires.

L'amende était une peine qui s'exécutait par provision et nonobstant appel ; elle n'avait pas toujours le caractère de peine infamante. Néanmoins, pour qu'elle perdit ce caractère de peine infamante, il fallait une déclaration expresse du tribunal et seules les cours souveraines avaient le pouvoir de faire cette déclaration.

Les juridictions ecclésiastiques qui pouvaient condamner à l'aumône ne pouvaient condamner à l'amende, car l'Église n'avait pas de fisc.

Amende honorable. — C'était une peine infamante qui avait pour but de réparer le désordre social causé

(1) Guyot. *Répertoire de jurisprudence.* t. II, p. 397.
(2) Guyot. *Répertoire de jurisprudence,* t. I, p. 347.

par un délit en prenant le public à témoin du repentir et de l'abaissement du coupable ; quelquefois peine principale, plus souvent peine accessoire.

Les juges devaient indiquer dans leur sentence la manière dont le condamné s'humilierait. Il y avait deux sortes d'amendes honorables.

« L'amende honorable *simple* ou *sèche*, qui se fait à l'audience nu-tête et à genoux, seulement sans que le coupable soit conduit par l'exécuteur de la Haute-Justice et qu'il ait aucune autre marque d'ignominie. L'amende honorable *in figuris* qui se fait à genoux, nu, en chemise, une corde au cou, une torche à la main et conduit par l'exécuteur de la Haute Justice » (1).

Si le coupable refusait de faire amende honorable, il était immédiatement condamné à une peine plus sévère.

Les galères perpétuelles, le bannissement perpétuel étaient, avec la mort, les peines capitales.

Dans la coutume de Paris et dans beaucoup d'autres, les peines capitales entraînaient de plein droit la mort civile et la confiscation de biens.

Bannissement. — Le bannissement était une peine infamante qui consistait dans l'obligation pour le condamné de quitter une ville, une contrée ou le royaume pour un temps ou pour toujours.

Le bannissement à temps n'entraînait ni la mort civile, ni la confiscation de biens.

(1) GUYOT. t. I, p. 365.

Le bannissement à perpétuité au contraire, qui impliquait toujours l'exil à l'étranger, faisait comme nous l'avons dit, dans la plupart des coutumes, encourir de plein droit la mort civile et la confiscation de biens.

Galères. — Il faut faire ici la même distinction : les galères à temps n'emportaient pas mort civile et confiscation de biens, les galères perpétuelles entraînaient ordinairement ces peines accessoires.

Le condamné était astreint à ramer sur les galères du roi ; c'était la peine infamante la plus sévère après la mort. Seuls, les juges séculiers pouvaient la prononcer.

Les galériens étaient marqués d'un fer chaud. Les infirmes et les femmes n'étaient pas envoyés aux galères.

Confiscation de biens. — Tous les biens du condamné étaient adjugés au seigneur haut justicier. « Pour que la confiscation ait lieu, dit Guyot, il faut que le jugement soit irrévocable, et que la mort civile soit encourue, et pour cet effet que le jugement ait reçu commencement d'exécution, ce qui se fait, pour les jugements contradictoires, par la prononciation à l'accusé, et pour les jugements par contumace par le procès-verbal d'effigie s'il y a condamnation à mort naturelle, et l'apposition d'un simple tableau s'il n'y a pas peine de mort portée par le jugement (1).

La confiscation emportait pour celui au profit duquel

____

(1) GUYOT, t. IV, p. 433.

elle était faite l'obligation de payer les dettes du condamné.

En cas d'usure, la preuve testimoniale fut largement admise. En général, la preuve d'un fait obtenue par la déposition d'un seul témoin était insuffisante: *testis unus, testis nullus* disait l'adage. Pour condamner un usurier, on se contenta en principe, avec la commune renommée, du témoignage de plusieurs personnes déposant chacune sur un seul prêt.

Il était admis que l'on ne pouvait transiger, relativement à un contrat usuraire intervenu (1.

Les usures étaient imprescriptibles, en ce sens que les actions en répétition données aux victimes des prêteurs ne se prescrivaient par aucun laps de temps (arrêt du Parlement de Provence, 14 mars 1647) (2). L'action pénale, elle, se prescrivait par vingt ans.

(1) *Recueil de Louet*, t. II. p. 745.
(2) *Dictionnaire des arrêts*. P. J. BRILLON. t. VI. p. 987.

CHAPITRE II

Le Délit d'usure dans le Droit français actuel

§ I. — Éléments constitutifs du délit d'usure

Nous avons déjà parlé du système de notre droit intermédiaire et de celui du code civil. Nous avons vu que, sous l'empire de ces législations, il n'y avait aucune prohibition légale de l'usure.

Les tribunaux toutefois se reconnaissaient le droit de réduire le taux de l'intérêt stipulé, lorsqu'ils le jugeaient excessif. La loi du 3 septembre 1807 vint, pour tenter de remédier aux excès de l'usure, fixer un taux maximum de l'intérêt conventionnel, créer et déterminer d'une façon précise les sanctions civiles et pénales des opérations usuraires.

Lorsqu'il sera prouvé, dit son article 3, que le prêt conventionnel a été fait à un taux excédant celui qui est fixé par l'article 1, le prêteur sera condamné par le tribunal saisi de la contestation à restituer cet excédant s'il l'a reçu, ou à souffrir la réduction sur le principal de la créance, et pourra même être envoyé, s'il y a lieu, devant le tribunal correctionnel pour y être jugé conformément à l'article 4.

Les auteurs de la loi de 1807 ne partirent pas de considérations scientifiques ; ils ne se demandèrent pas si le taux de l'intérêt dépendait ou non des circonstances ; ce qu'ils voulaient avant tout, c'était délivrer la France de la plaie de l'usure. Méprisant les théories abstraites, ils cherchèrent à éloigner les hommes de l'agiotage, pour les ramener aux professions productives et normales (1).

Cette loi, inefficace comme toutes les lois établies pour combattre l'usure, a été modifiée par les lois du 19 décembre 1850 et du 12 janvier 1886.

Différentes mesures, en outre, attestent l'impossibilité dans laquelle s'est trouvé maintes fois le législateur d'appliquer le système du maximum.

Lors de la crise économique et politique de 1814, l'application de la loi de 1807 fut momentanément suspendue en France. Dans les colonies françaises, le taux de l'intérêt est libre en principe.

Pour l'Algérie, cette liberté a été proclamée par l'ordonnance du 7 décembre 1835, suspendue en 1848 et rétablie l'année suivante. La loi du 27 août 1881 confirme le régime d'exception auquel cette colonie est soumise.

La loi du 24 juin 1851 sur les Monts-de-Piété, celle du 9 juin 1857 sur le taux des escomptes et l'intérêt des avances de la Banque de France sont des dérogations au principe.

Avant de parler du délit, il nous reste à dire quels

(1) TOULLIER, t. XXI, p. 318.

sont exactement les actes juridiques que la loi de 1807 a entendu viser, en limitant l'intérêt exigible, et à définir le fait d'usure.

Les dispositions de cette loi ne s'appliquent qu'aux prêts purs et simples. Elles ne s'appliquent pas lorsque, au contrat de prêt, sont mêlées des chances aléatoires quelconques. Elles ne concernent pas non plus les prêts de choses mobilières autres que des sommes d'argent, et notamment les prêts de denrées et de titres d'actions et obligations industrielles, sauf bien entendu le cas de fraude.

Ses dispositions sont aussi étrangères aux intérêts stipulés à l'occasion des contrats autres que le prêt, tel que la constitution de dot, la vente.

Deux autres systèmes ont été proposés pour répondre à cette question.

D'après le premier, « il n'y aurait pas lieu de distinguer selon la nature du contrat, il y aurait lieu à limitation du taux de l'intérêt toutes les fois où une personne peut avoir à payer des intérêts à son co-contractant, en vertu d'une convention.

D'après un deuxième, la limitation du taux ne concerne pas tous les contrats mais seulement les opérations dans lesquelles une personne, ayant besoin d'argent, recourt à une autre personne pour s'en procurer, et est, par conséquent, dans l'idée du législateur, à la discrétion complète de celle-ci. » (1)

(1) Fuzier-Herman. *Codes annotés*, t. IV, p. 548.

La jurisprudence semble vouloir se rallier au système que nous avons exposé tout d'abord et qui borne la limitation du taux au contrat de prêt pur et simple (1).

Si nous admettons cette théorie, lorsque les tribunaux se trouvent en présence d'un contrat différent, ils ne peuvent déclarer qu'il y a usure qu'en prouvant qu'il y a dissimulation d'un prêt sous un autre contrat. C'est donc seulement dans un contrat de prêt fait à un taux supérieur au taux légal que peut résider le fait d'usure.

Depuis que la loi de 1886 a supprimé la limitation du taux en matière commerciale, l'usure ne peut plus même résulter que d'un contrat de prêt ayant le caractère civil.

Mais s'il est nécessaire, pour qu'il y ait usure, que l'on se trouve en présence d'un contrat de prêt et d'un prêt civil, il n'est nullement obligatoire que ce contrat ait le caractère d'un prêt ouvertement conclu et avoué : d'une usure formelle.

L'usure peut tout aussi bien résulter d'un prêt dissimulé sous les apparences d'un autre contrat, être palliée ; c'est même sous cette forme détournée qu'elle se présente la plupart du temps.

Les usuriers en effet, à toutes les époques et dans tous les pays, ont joui d'une imagination et d'une habileté qui ont fait souvent comparer les transformations du prêt usuraire à celles de Protée.

Le droit et le devoir des juges est de rechercher dans

(1) *Dijon*, 19 décembre 1894. Sir., 95, II. p. 19.

les conventions la commune intention des parties (1). Ils peuvent donc restituer, à un prêt usuraire, dissimulé sous une forme quelconque, son véritable caractère. De même, ce sont eux qui doivent indiquer si les prêts incriminés ont le caractère civil ou commercial. Leur appréciation sur ces points est une appréciation de fait ; elle est souveraine et échappe au contrôle de la Cour de cassation (2).

On s'est servi un peu de tous les contrats pour tourner la prohibition légale. Deux procédés surtout sont communément employés par les usuriers.

C'est d'abord la vente à réméré. On déguise par exemple sous le nom de vente à réméré un prêt sur anti-chrèse accompagné d'une clause de compensation usu-raire (3). À quel taux n'arrive-t-on pas d'autre part avec la vente à réméré des reconnaissances des monts-de-piété déguisant des prêts sur gage ?

Un autre procédé, très apprécié des pourvoyeurs de fils de famille, est l'ancien mohatra, la vente à crédit avec revente au comptant. On cite un cordonnier de Bordeaux condamné par le tribunal correctionnel de cette ville, en 1876, qui avait ainsi vendu fictivement à un jeune homme pour 375,000 fr. de bottines.

« Cette mesure détournée est celle qui se pratique le

---

(1) D. 1898, 5, 645, 5.
(2) *Crim. cass.* 28 juin 1861. D. 1861, 1, 408. *Cir. R*, 18 mars 1887, D. P., 88, I, 235.
(3) BAUDRY-LACANTINERIE, t. III, p. 639. Précis.

plus habituellement: le prêteur au lieu de donner de l'argent livre n'importe quoi, des voitures, des moëllons ou des tonneaux de vin: il indique en même temps au premier un acheteur qui le débarrassera immédiatement, s'il le veut, argent comptant, de ces encombrantes marchandises. il lui laisse même entrevoir que le tout lui a été cédé à un prix si bas qu'il pourra réaliser sur la vente un important bénéfice. Il n'en est rien naturellement, et l'emprunteur est heureux s'il ne perd que 50 ou 60 %. L'acheteur est un compère qui partage avec l'usurier.

On raconte qu'il y avait un bateau de charbon amarré au quai du Louvre ou au quai de Bercy, qui, de temps immémorial, était ainsi vendu et revendu par un usurier à plusieurs générations de fils de famille, revendu par ceux-ci à un compère qui le rétrocédait à l'usurier et ainsi de suite. Entre ceux qui avaient affaire à cet arabe, on ne disait plus : emprunter de l'argent, mais : acheter le bateau de charbon (1) ».

D'autre part. pour qu'il y ait usure consommée, il importe peu que les intérêts usuraires aient été perçus ou non, qu'ils aient été stipulés verbalement ou par écrit (2), que l'emprunteur ait ou non librement consenti à s'engager (3). Toutefois la non réception des deniers,

(1) Dictionnaire Pierre Larousse. *Usure*.
(2) *Bordeaux*, 22 nov. 93. D. 95, 2. 148.
(3) *Crim Rej*, 26 nov. 1858. D. 59. 1, 40.

le consentement de la partie lésée, la transaction intervenue postérieurement, l'ignorance de la loi invoquée, pourront être motif pour le juge d'accorder les circonstances atténuantes. Le fait d'usure consiste donc purement et simplement dans la stipulation verbale ou écrite d'un intérêt supérieur à celui fixé par la loi comme maximum.

Nous venons de dire en quoi consiste le fait isolé d'usure, et nous savons que pour qu'il y ait délit, il faut que le prêteur ait répété ses actes d'usure, qu'il y ait habitude d'usure (1). Voyons maintenant ce que c'est qu'un délit d'habitude, et dans quel cas il y aura habitude d'usure.

« L'infraction d'habitude, dit M. Garraud, résulte d'actes dont chacun, pris isolément, est impuni, mais qui deviennent punissables dès qu'ils sont réitérés et dénotent ainsi une habitude chez l'auteur.

Le législateur n'ayant pas déterminé, dans les cas qu'il prévoit, le nombre des faits nécessaires pour constituer l'habitude, c'est au juge qu'il appartient d'apprécier dans chaque affaire, en tenant compte des circonstances, si le prévenu a commis habituellement le fait dont il est inculpé. Malgré les doutes élevés sur ce point, j'estime que l'habitude peut exister alors même que les faits qui, par leur réunion, constituent le délit, auraient été commis à l'égard de la même personne,

____

(1) Loi de 1807. art. 4,

pourvu au moins que ces faits soient distincts les uns des autres. Ainsi la pluralité des victimes n'est pas une condition essentielle de l'habitude, il suffit de faits réitérés pour la constituer 1).»

Quand y a-t-il habitude d'usure ? Un seul fait d'usure ne suffit jamais pour permettre de poursuivre et de condamner (2), car l'habitude ne peut jamais consister dans une infraction isolée. On considère aussi comme ne constituant pas l'habitude d'usure le fait de percevoir successivement des intérêts usuraires en vertu d'un contrat de prêt unique (3).

Mais la jurisprudence considère qu'il y a habitude d'usure dès l'instant où l'on trouve deux prêts usuraires (4) qu'ils soient ou non faits à la même personne (5) ; on considère même comme suffisant à constituer l'habitude d'usure les renouvellements successifs d'un même prêt (6).

Après une première condamnation pour habitude d'usure, le nouveau délit résultera d'un fait postérieur, même unique, s'il est accompli dans les cinq ans à partir du jugement ou de l'arrêt de condamnation (7).

(1) *Précis de droit crim.* p. 64.
(2) Cass. 22 Nov. 1811. *Dalloz* R. *Prêt à. i.* N° 267.
(3) *Crim.* 23 Déc. 1853. S., 54. 1. 405.
(4) *Cass.,* 24 décembre 1825, D., 26. 1. 110. *Crim.,* 27 février 1864, S., 64, 1, 341. *Bord.,* 22 novembre 1893, précité.
(5) *Cass.,* 4 mars 1826, D., 26. 1. 243.
(6) *Bordeaux,* 22 novembre 1893, précité.
(7) Loi du 19 décembre 1850, art. 3.

La loi se montre donc plus sévère pour l'usurier qu'une première condamnation n'a pas amendé ; elle considère qu'il lui suffit d'un seul fait d'usure commis dans les cinq ans de sa condamnation, pour constituer chez lui l'état d'esprit illicite qu'elle entend exiger pour punir. La loi s'appuie, ici, pour établir l'habitude, sur des faits antérieurs déjà punis. Ce n'est pas très juridique, mais le législateur a pensé que le système répondait au besoin d'assurer l'efficacité des mesures contre les usuriers.

§ II. — DE LA PREUVE

Il est très difficile de découvrir et de prouver l'usure, c'est un lieu commun, car les usuriers ne sont pas des délinquants ordinaires, ce sont des professionnels de la ruse. Ils connaissent les sanctions légales et s'ingénient à les écarter. Ils prennent mille précautions pour déjouer les projets du législateur et les investigations de la justice.

Dans une matière aussi délicate, il faut nécessairement laisser au juge la plus grande latitude.

C'est ce qu'a fait la loi et ce qu'a compris la jurisprudence. Les règles ordinaires ne s'appliquent pas, la preuve par témoins est largement admise en cette matière, même au-dessus de 150 francs (1).

(1) (*S. Cass.* 18 février 1829). *Cass.* 13 février 1880. S. 80, 1,485. *Bordeaux*, 22 nov., 1893, précité.

On peut prouver par témoins, contre le contenu aux actes authentiques, les règles sur la force probante de ces actes ne s'appliquant pas en la circonstance. En conséquence, pour contredire un acte authentique, il n'est pas nécessaire de recourir à la dangereuse procédure de l'inscription de faux. (1.

Le ministère public, d'autre part, a le droit de faire entendre comme témoins les emprunteurs victimes. Leurs dépositions même semblent suffire pour faire la preuve du délit incriminé 2.

« Rien ne s'oppose à ce que l'existence même du contrat de prêt, dont le délit d'usure est inséparable, soit établie par la preuve testimoniale. C'est ce que semble admettre, dans ses motifs, l'arrêt précité du 13 février 1880. La règle est, il est vrai, différente en cas d'abus de confiance. Mais il y a, au regard du contrat civil, une différence essentielle entre le délit d'usure et celui d'abus de confiance. En cas d'abus de confiance, le délit porte sur des faits extrinsèques au contrat; l'acte coupable ne commence que postérieurement à la formation régulière de ce contrat que l'on refuse d'exécuter par la restitution des sommes et des objets mis en dépôt, ou pour en faire un emploi déterminé. On conçoit que, dans ce cas, l'existence du contrat initial intervenu dans les con-

____

(1) *Bourges*, 2 juin 1831 (S. 32. 2. 120). 26 nov. 1858. (S. 59. 1. 368). *Bordeaux*, 22 nov. 1893, précité.
(2) *Cass*, 13 fév. 1880, précité.
  Bordeaux, 5 janv. 1842. DALLOZ du P. à L., n° 284.

ditions normales, ne puisse être prouvée que par les moyens du droit civil exclusivement. A l'inverse, le délit d'usure est inséparable du prêt lui-même ; il se forme avec l'acte et dans l'acte même du prêt ; dans son origine, il se confond nécessairement avec lui. Dès lors, la preuve testimoniale qui, en raison des principes du droit criminel, est propre à établir le délit doit, par cela seul, être apte à établir le contrat qui le renferme et dont il ne peut être séparé (1).

§ III. — DE LA PEINE

L'article 4 de la loi de 1807 portait que l'usurier serait traduit devant le tribunal correctionnel, et, en cas de conviction, condamné à une amende qui ne pourrait excéder la moitié des capitaux qu'il aurait prêtés à usure.

L'article 2 de la loi de 1850 ajouta à cette peine un emprisonnement de six jours à six mois. La même loi de 1850 s'occupa de prévenir la récidive. Elle décida, dans son article 3, qu'en cas de récidive, le coupable serait condamné au maximum des peines d'amende et de prison, et que ces peines pourraient être élevées jusqu'au double, sans préjudice des cas généraux de récidive prévus par les articles 56 et 58

(1) DALLOZ. *Rep. Sup*, t. XIII. n° 172. p. 636.

du code pénal, ce qui revient à dire que, dans cette hypothèse, l'amende peut s'élever jusqu'à la valeur totale des sommes prêtées, et que la prison peut être d'une année. Dans tous les cas, les tribunaux ont la faculté, s'ils le jugent convenable, d'ordonner aux frais du délinquant l'affichage du jugement, et son insertion dans un ou plusieurs journaux du département (art. 5, loi du 19 décembre 1850).

L'article 6 de la loi de 1850 ajoute que le juge pourra toujours accorder des circonstances atténuantes, même en cas de récidive.

Le chiffre maximum de l'amende, nous l'avons dit, est fixé par la loi à la moitié des capitaux prêtés. Il ne doit donc pas être calculé sur la somme des capitaux et des intérêts additionnés, mais seulement sur le montant des capitaux avancés (1).

En conséquence, il est nécessaire que le tribunal qui prononce une condamnation pour usure, décompose la somme réclamée, et déclare ce qui est capital fourni, ce qui est perception usuraire. Et cette mention est requise à peine de nullité, car c'est en se rapportant à ces énonciations que la Cour suprême pourra voir si la loi a été violée, si l'amende prononcée est conforme au chiffre de la loi (2).

Il est généralement admis d'autre part, que, pour

(1) 18 mars 1887, *Pand. Franç.*, 1887, 1. 249 ; *Crim. cass.*, 13 mai 1897. D. 1898, 1, 207.
(2) 15 mars 1894, *Pand. Franç.*, 1894. 1, 150.

fixer le montant de l'amende, on doit compter dans le calcul du total des capitaux prêtés, les renouvellements d'un prêt usuraire qui ont été l'occasion de nouvelles perceptions illicites (1).

Si le juge se trouve en présence de plusieurs délinquants co-auteurs de perceptions usuraires et poursuivis ensemble, il ne devra pas se contenter de prononcer contre eux une amende dont ils seraient tenus solidairement. Chacun d'eux doit être condamné à une peine personnelle et distincte (2).

Toutefois, il a été jugé qu'il n'y a pas lieu de casser l'arrêt condamnant tous les co-auteurs solidairement à une amende unique sans déterminer leur part; les condamnés, n'ayant aucun intérêt à se pourvoir, puisqu'ils eussent été tenus solidairement des amendes prononcées contre chacun d'eux (3).

Dans le cas dont nous parlons, lorsque l'on se trouve en présence de co-auteurs, il faut que le total des amendes prononcées contre chacun des délinquants ne dépasse pas le maximum de la loi, la moitié des capitaux prêtés (4).

Dans l'hypothèse où l'usurier est reconnu coupable à la fois d'usure habituelle et d'escroquerie, on se trouve en présence d'un concours d'infractions.

(1) *Dijon*, 17 février 1855. D. p. 55, 1, 264 ; *Bordeaux*, 22 novembre 1893, précité,
(2) 12 août 1864. D. 64, 5, 377.
(3) *Cass.*, 18 novembre 1853. D. 53, 5, 463.
(4) 18 mars 1887, précité.

Quelle est la peine applicable ? En principe, et en vertu de la règle du non cumul des peines, on devrait appliquer purement et simplement la peine de l'escroquerie.

En effet, lorsque l'usurier a compliqué sont prêt usuraire de manœuvres frauduleuses constituant l'escroquerie, il n'a bien commis qu'un fait unique, mais ce fait unique contient en lui-même deux délits : le délit d'usure, et celui d'escroquerie ; c'est le cas du cumul d'infractions dit cumul intellectuel.

Or, bien que les textes (articles 355 et 379 C. In. Crim.) qui établissent le principe de la règle du non cumul des peines ne prévoient que le cumul matériel, il semble que dans notre hypothèse, il ne devrait y avoir qu'une simple application de la règle générale « parce qu'il n'y a qu'un fait unique et une seule résolution criminelle, et que le principe de raison, *non bis in idem* ne permet pas d'appliquer en même temps deux qualifications pénales et deux peines au même fait (1) ».

L'art. 4 de la loi de 1807 modifié en 1850 en a décidé autrement. L'usurier coupable d'escroquerie doit être puni cumulativement de l'emprisonnement de un à cinq ans, tel qu'il est réglé par l'art. 405 du C. P. et de l'amende établie par l'art 2 de la loi de 1807, mais seulement de cette amende (2).

(1) GARRAUD, p. 376.
(2) 15 mars 1894, précité.

Il est généralement admis que cette règle doit être étendue à tous les cas où le délit d'usure se trouvera accompagné d'un autre délit.

Le législateur de 1807 en effet, en parlant d'escroquerie, ne pouvait viser le délit spécial prévu par l'art. 405 du Code Pénal de 1810.

Ce qu'il avait en vue, c'est l'escroquerie telle qu'elle était définie par l'art. 35 titre II de la loi du 19-22 juillet 1791 (1) relative à l'organisation d'une police municipale et correctionnelle, escroquerie qui avait un caractère général, et qui comprenait la plupart des manœuvres frauduleuses possibles.

En conséquence, on peut dire que, toutes les fois qu'un usurier aura aggravé sa faute par la consommation d'un nouveau délit, il devra être condamné à la peine non pécuniaire prévue pour ce délit et à l'amende proportionnelle du délit d'usure.

Ce nouveau délit ne joue pas le rôle d'une circonstance aggravante, la peine que prononce le juge doit être considérée comme la peine distincte d'un délit complexe spécialement prévu par la loi.

(1) « Ceux qui par dol, ou à l'aide de faux noms ou de fausses entreprises, ou d'un crédit imaginaire ou d'espérance, et de craintes chimériques auraient abusé de la crédulité de quelques personnes et escroqué la totalité ou partie de leur fortune.... »

§ IV. — DE LA COMPLICITÉ.

La loi de 1807 ne parlant pas de la complicité, on a soutenu qu'elle n'était pas punissable en notre matière.

Le principe étant que la complicité est punie de la même peine que celle qui atteint l'auteur principal, à moins que la loi n'en dispose autrement, il n'y a aucune raison pour ne pas appliquer le droit commun, pour ne pas punir ceux qui ont coopéré à l'usure des peines prévues par la loi, le juge restant libre de faire, suivant les circonstances, une distinction entre l'auteur et le complice en proportionnant la peine à la culpabilité dans les limites ordinaires.

Ce que l'on peut remarquer, c'est qu'il faut naturellement, dans l'hypothèse du délit d'usure, que le fait de complicité se rattache à un certain nombre de faits usuraires constituant l'habitude.

C'est ainsi qu'un notaire, qui aurait prêté son concours à un usurier pour plusieurs opérations successives, devrait être puni comme complice. Il en serait autrement si ce notaire s'était contenté de favoriser des usures commises par des personnes différentes.

Il ne pourrait être puni comme complice d'aucunes d'elles, puisqu'aucune d'elles n'aurait commis habituellement l'acte incriminé (1) » et cela parce que le fait de

(1) GARRAUD, p. 348.

complicité doit pour être punissable emprunter sa criminalité à la criminalité d'un fait principal punissable.

Le fait de complicité peut résulter de la simple mise en commun de capitaux destinés au commerce de l'usure. Il a même été jugé que l'opération à profit commun suffit pour que le délit d'habitude résulte, à l'égard de chacun des associés, sans qu'il soit nécessaire qu'ils aient autrement participé aux actes usuraires, et que, dans cette hypothèse, chacun des associés doit être considéré comme coauteur au même titre (1). »

§ V. — DE L'ACTION PUBLIQUE ET DE SA PRESCRIPTION.

Le délit d'usure, comme tout autre délit, donne ouverture à l'action que le ministère public est chargé d'intenter au coupable au nom de la Société.

En général, la victime d'un délit a le droit de citer directement le prévenu devant le tribunal correctionnel, mettant ainsi en mouvement l'action civile et l'action publique, sans laquelle la première n'aurait pu être portée devant la juridiction de répression. La victime a, en outre, le droit de porter plainte, en se constituant dans cette plainte partie civile, et de se constituer partie civile sur l'action intentée par le ministère public.

(1) *Crim. Rej.* 17 mai 1851. D. Per. 51.1. 303.

Il est généralement admis. et la jurisprudence est en ce sens. que la victime des opérations usuraires ne peut ni agir contre l'usurier par voie de citation directe (1, ni se porter partie civile dans l'instance introduite contre lui par le ministère public 2. et cela pour les raisons suivantes :

Tout d'abord. la partie. n'ayant qualité que pour se plaindre en son propre nom. ne peut en général qu'agir à la suite d'un fait isolé d'usure. insuffisant pour constituer l'habitude prévue et punie par les lois de 1807 et de 1850.

En outre, quand bien même la victime pourrait se plaindre de faits d'usure réitérés. et prétendre que c'est à juste titre qu'elle allègue avoir été lésée par un délit d'usure, on doit considérer que la loi lui refuse de porter son action devant le tribunal correctionnel. En effet. le droit de transporter l'action civile devant les tribunaux de répression n'appartient à la partie lésée qu'à titre exceptionnel en vertu des articles 1, 3. 63 et 182 du Code d'instruction criminelle (3). et lorsque le fait sur lequel cette action se fonde constitue par lui-même un délit.

(1) 8 juillet 1881,D.. 82,1. 41; *Paris.* 10 février 1890.S.. 91.2.137.
(2) *Cass..* 21 juillet 1841. S.. 41. 1. 842 ; 20 janvier 1888. S.. 89. 1. 281.
(3) M. WILLEY. (S.. 89. 1. 281). n'est pas de cet avis : il pense que le vœu de la loi. tel qu'il résulte de l'art. 3. est de porter devant la même juridiction les deux actions nées d'un même fait; qu'il faut voir dans cette permission une règle. non une exception.

Or, la loi de 1807 n'a accordé au tribunal correctionnel qu'une simple mission de répression. La loi de 1850 n'a fait que confirmer ces dispositions en les renforçant. Il n'y a donc aucune raison pour s'écarter ici du droit commun, et accorder une voie exceptionnelle. La victime de l'usure devra donc s'adresser aux tribunaux civils naturellement compétents. Et cette solution est d'autant plus logique, que les particuliers ne sont pas en réalité lésés par le délit. Ce dont ils peuvent se plaindre c'est des faits d'usure dont ils ont été victimes, et non de ce que leur adversaire a exercé le métier d'usurier ; or, c'est seulement l'exercice de ce métier qui constitue un délit.

L'assemblée de 1850 s'est montrée nettement hostile au droit de citation directe en notre matière ; elle a reconnu que ç'eût été fournir un moyen trop facile aux débiteurs de mauvaise foi d'inquiéter leurs créanciers par des poursuites injustes et de troubler les honnêtes gens (1). « Enfin, dit M. Sourdat, le doute n'est même plus permis depuis la loi de 1850, qui déclare que la preuve de la perception usuraire, qui donne droit à demander l'imputation ou la restitution, ne peut résulter que d'une instance civile ou commerciale, à l'exclusion d'une instance correctionnelle (2) ».

La partie n'est donc pas recevable à agir devant le tribunal correctionnel ; toute procédure faite à cet effet

---

(1) *Moniteur*, des 13 et 14 décembre 1850.
(2) A. SOURDAT.— *Traité général de la responsabilité*, t. I, p. 249.

par elle sera donc nulle : le ministère public ne pourrait même pas couvrir cette nullité en intervenant. S'il veut agir de son côté, il ne devra tenir aucun compte de la demande déjà formée, et en intenter une nouvelle (1). Toutefois, il semble que la victime recouvre le droit de se porter partie civile et d'agir par citation directe, si le délit d'usure est accompagné d'un autre délit, celui d'escroquerie par exemple (2). Le ministère public n'a pas, d'autre part, à tenir compte des jugements antérieurs rendus par des juges civils : un acte déclaré non usuraire par un tribunal civil pourra très bien être retenu par l'accusation, sans qu'on puisse opposer l'autorité de la chose jugée (3).

Dans les lois concernant le délit d'usure, nous ne trouvons aucune disposition relative à la prescription de l'action publique qu'il engendre. On appliquera donc la prescription de droit commun qui s'opère par trois années. Cette prescription, comme celle de tous les délits d'habitude, ne commence à courir qu'à partir du dernier fait incriminable. Si trois années se sont écoulées depuis une opération usuraire, tous les faits antérieurs à cette dernière opération se trouveront prescrits avec elle.

Le fait d'usure nouveau, au contraire, interrompt la

(1) *Cass.*, 8 juillet 1881, précité.
(2) D. Rep. P. a. i. n° 308.
(3) *Bordeaux*, 8 août 1850, D. P. 55. 2. 232.

prescription de tous les anciens faits qui se sont accomplis, sans qu'à aucune époque un intervalle de trois ans en ait interrompu la continuité « car le laps de temps suffisant pour couvrir le délit perpétré doit l'être aussi pour couvrir les faits qui doivent en servir d'éléments.» La jurisprudence est conforme (1).

Il est très important de savoir quels sont les actes usuraires qui sont imputables, car c'est le total des faits incriminés et reconnus punissables qui détermine la somme maxima de l'amende.

La réception des deniers, dûs en raison d'un prêt usuraire, constitue un fait d'usure susceptible d'interrompre la prescription des actes antérieurs (2). Le délit qui vient se joindre à l'usure forme avec elle un délit complexe et ne se prescrit qu'avec elle (3).

§ VI. — LA LOI DE 1886 ET LE DÉLIT D'USURE.

La loi de 1886 a-t-elle un effet rétroactif ? L'article unique de la loi du 12 janvier 1886 est ainsi conçu : Les lois des 3 septembre 1807 et 19 décembre 1850 dans leurs dispositions relatives à l'intérêt conventionnel sont abrogées en matière de commerce, elles restent en vigueur en matière civile.

(1) *Bordeaux*, 22 novembre 1893. D. 95. 2. 148.
(2) R. DALLOZ, n° 316. P. à.i.
(3) *Crim. Rej.*, 14 novembre 1862. D. P. 63. 5. 395.

Cette disposition a-t-elle un effet rétroactif?

Non, en matière civile. L'article 2 du code civil est formel ; la loi ne dispose que pour l'avenir, elle n'a pas d'effet rétréoactif (1). En conséquence la convention faite avant 1886 et entachée d'usure commerciale n'aura pas cessé d'être nulle par la promulgation de la dite loi.

En matière pénale, il en est autrement. Le principe de la non rétroactivité n'est admis par l'article 4 C. P. que lorsque la loi en question crée une peine ou en aggrave une déjà portée par une disposition antérieure. Au contraire, si une infraction a été commise sous l'empire d'une loi ancienne, et qu'une disposition nouvelle vienne enlever au fait incriminé par l'ancienne loi son caractère délictueux ou bien en réduire la peine, on doit accorder à la loi nouvelle un effet rétroactif. C'est ainsi qu'il faut admettre que la loi de 1886 rétroagit en matière pénale, et que l'usurier qui avait avant 1886 commis des usures que cette loi cessait d'atteindre, ne pourrait être inquiété à raison de ces faits, une fois cette loi promulguée.

Conséquences de la loi du 12 janvier 1886 au point de vue de la détermination du fait d'usure. — Comme, dans notre droit français, le fait d'usure consiste à prêter de l'argent à un intérêt supérieur au taux légal, et que le délit d'usure n'est que la conséquence de la répé-

---

(1) *Bezançon*, 21 avril 1886. P. Fr. 86. 2. 198.

tition de ce fait, il résulte qu'il ne saurait y avoir ni fait d'usure, ni délit d'usure, au cas où il n'y a plus de taux maximum.

La loi de 1886 ayant supprimé le taux légal en matière de commerce, l'usure n'est donc plus possible en matière de commerce.

Mais, comme cette loi n'a pas modifié le régime des prêts civils, qui ne peuvent toujours se faire qu'au taux maximum de 5 %, l'usure subsiste en matière civile.

Il y a donc le plus grand intérêt à distinguer si l'on est en matière civile, ou si l'on est en matière commerciale. Comment se fait cette distinction ? Sur quelle base ?

Lors de la confection de la loi de 1886, le législateur avait le choix entre deux systèmes : ou bien, dire dans la loi ce qui devait être considéré comme prêt civil, ce qui devait être considéré comme prêt commercial ; ou bien, laisser cette question à l'appréciation des tribunaux.

C'est au premier de ces deux systèmes qu'il aurait dû se rallier. Il aurait dû, en même temps qu'il supprimait l'usure en matière commerciale, établir une disposition dans le but d'expliquer le terme « en matière de commerce ». Volontairement il n'en a rien fait.

La question a été effectivement soulevée dans les discussions qui ont précédé le vote de la loi. Lors de la discussion à la Chambre des Députés, M. Laroze avait dit qu'il était très facile de déterminer le caractère civil ou commercial d'un prêt, en s'appuyant sur des textes de lois et sur une jurisprudence qu'il n'hésitait pas à qualifier de formidable. M. F. Passy lui avait répondu très justement qu'il le mettait au défi d'établir nettement la distinction entre le prêt civil et le prêt commercial (1).

Lors de la discussion au Sénat, en 1885, M. Bozérian avait proposé de remplacer l'expression « en matière de commerce » par les mots « entre commerçants ». Le Sénat s'y refusa.

M. Labiche, le rapporteur, trouvait que la commission serait sortie de sa mission, en déterminant ce qu'on devait entendre par matière civile et commerciale, que c'était à la loi générale et à la jurisprudence de résoudre la question.

Donc, peut-être parce que l'on considérait la difficulté comme très simple, peut-être plutôt parce que l'on avait hâte de débarrasser le commerce d'une gêne considérable, et que l'on craignait de retarder la loi en compliquant sa discussion, on passa outre, et la loi fut votée sans qu'on fixât le sens des mots : *en matière de commerce.*

Il semble bien que MM. Passy et Bozérian avaient raison. La doctrine et la jurisprudence ont des difficultés assez sérieuses pour éclairer le point laissé à leur appréciation par le législateur.

Comme c'est à la loi générale qu'il faut s'en rapporter,

(1) Séances des 11 et 13 mars 1882. Chambre.

la question étant de savoir si l'on est en matière de commerce, si le prêt est civil ou commercial, on est amené, tout d'abord, à chercher dans le Code de commerce un texte indiquant ce qui est « matière de commerce ».

Les articles 632 et 633, Code de commerce, nous disent :

La loi répute acte de commerce tout achat de denrées et marchandises pour les revendre...... toute opération de banque....., toute obligation entre négociants, marchands et banquiers....., enfin entre toutes personnes les lettres de change..... (1), etc.

On tirera de ces articles 632 et 633 la conclusion suivante : tout prêt qui est une opération de banque, tout prêt représenté par une lettre de change, etc., sont des opérations commerciales, des prêts faits en matière de commerce (2).

(1) La loi, dans les articles 632 et 633, a seulement fait une énumération ; elle n'a pas voulu indiquer d'une façon générale les conditions qu'un acte devait réunir pour être acte de commerce. Les auteurs ont cherché à découvrir ces conditions: les uns ont dit qu'un acte était commercial, quand il émanait d'un intermédiaire spéculant sur la transmission de valeur qui faisait l'objet de cet acte (Boistel, Droit commercial, § 30). Une autre opinion dit qu'il y a acte de commerce quand l'un des deux cocontractants remplit le rôle d'intermédiaire dans la circulation des produits. (THALLER, *Traité de droit commercial*, introduction).

(2) Ou bien tout prêt dans lequel l'une des parties remplirait soit le rôle d'intermédiaire spéculant, soit celui d'intermédiaire de circulation, suivant l'un ou l'autre des systèmes indiqués dans la note 1.

Mais pour que les règles du droit commercial s'appliquent aux deux parties, il faut que l'acte examiné présente le caractère d'acte de commerce pour les deux opérations en présence, qu'il soit acte de commerce « ex utraque parte ».

Or, l'acte de commerce indiqué dans l'énumération des articles 632 et 633 peut être en réalité mixte, c'est-à-dire acte de commerce pour l'une des parties, acte civil pour l'autre. Il est civil, par exemple, pour le non commerçant qui emprunte une somme à un banquier afin de subvenir aux besoins de sa famille.

Quand l'acte de commerce est mixte, il faut à la partie pour laquelle l'acte est civil, appliquer les règles du droit civil, à l'autre les règles du droit commercial (1).

De ce qui précède, il résulte que, si le prêt est commercial pour les deux parties, ce qui arrive si ce prêt est une obligation entre négociants (2), ou s'il est représenté par une lettre de change dans laquelle il y a présomption de commercialité pour les deux parties, le taux de l'intérêt est le taux commercial, c'est-à-dire qu'il est libre. On ne peut pas en dire autant du prêt qui n'est qu'un acte de commerce mixte, un prêt « ab una tantum parte » : si c'est l'emprunteur seul qui a

(1) THALLER. — *Traité de droit commercial*, n° 34.
(2) C'était le cas unique auquel M. Bozérian aurait voulu restreindre la liberté de l'intérêt, quand il proposait de remplacer dans le texte de la loi les mots : en matière de commerce, par ceux : entre commerçants.

fait un acte de commerce, on pourra exiger de lui un intérêt supérieur à 5 %, sans s'exposer à commettre un fait d'usure. Si c'est le prêteur seul qui a fait un acte de commerce, on appliquera à l'emprunteur les règles du droit civil et l'on n'aura pas le droit d'exiger de lui un intérêt supérieur à 5 %.

Pour résumer en quelques mots cette règle scientifiquement déduite de la loi, on dira que c'est la nature de l'acte de l'emprunteur qui doit décider si le prêt est civil ou commercial, si le taux de l'intérêt est oui ou non limité.

Et, en vertu de la théorie de l'accessoire, la qualité de commerçant de l'emprunteur fera présumer de sa part un acte de commerce. Il importera peu que le prêteur soit ou non un commerçant. Il suffira que l'emprunteur exerce une profession commerciale, soit une société de commerce ou (depuis la loi, du 1er août 1793), une société par action quelconque.

Cette première théorie, nous paraît rigoureusement déduite des principes, quelques arrêts l'ont admise (1); mais ce n'est pas celle qui est généralement adoptée par la jurisprudence.

La jurisprudence, à laquelle les travaux préparatoires de la loi de 1886 renvoyaient en même temps qu'à la loi générale, reposait sur l'idée suivante : le prêt doit

(1) Cass. 20 janvier 1888. P. fr. 88. 1. 75 ; Cass. 9 novembre 1888. P. fr. 89. 1. 259.

être considéré comme fait en matière de commerce toutes les fois que le prêteur est commerçant. On ne doit se préoccuper, ni de la qualité de l'emprunteur, ni des circonstances dans lesquelles le prêt a été fait.

Avant la loi de 1886, la jurisprudence se prononçait presque exclusivement dans ce sens (1). Plusieurs arrêts, depuis, sont encore venus la confirmer (2).

L'idée qui a servi de point de départ à cette jurisprudence est assez d'accord avec la réalité des choses. Troplong l'a indiqué, en disant que le commerçant qui retire des fonds de son commerce pour les prêter même à un non commerçant, a le droit de percevoir l'intérêt permis en matière de commerce.

Qu'est-ce, en effet, que l'intérêt sinon la compensation de la privation de jouissance de l'argent? Or, il est certain que cette privation est plus grande pour un commerçant que pour un autre car sa situation lui permet de faire aisément fructifier son capital. Donc, dans tous les cas, le commerçant a le droit de percevoir une compensation plus élevée, le taux de l'intérêt de son argent doit être le taux commercial : « Plus valet pecunia mercatoris quam non mercatoris.» dit l'adage.

Et, à l'appui de cette opinion, on rappelle un texte de Justinien, qui semble montrer que telle était déjà pour

---

(1) *Bourges*, 14 février. 1854. S. 54. 2. 531 ; *Cass*, 11 mai 1856. S. 56. 1. 729 ; *Cass*, ch. crim., arr. rej., 27 février 1864. S. 64. 1. 341.

(2) *Pau*, 21 février 1890. D. 87. 2. 249.

les Romains la façon d'envisager la question, puisqu'il permettait l'intérêt de 8 % au profit des commerçants. — (Const. 26. § 1. C. de usuris IV. 32).

Il est certain en effet que, lorsqu'un banquier fait un prêt à l'aide de fonds sortant de sa caisse, nul ne peut nier qu'il cherche nécessairement, comme tout commerçant, à réaliser un bénéfice, sans s'occuper de la qualité de sa contre partie, ni de la destination de ce qu'il lui a livré. Il est de lui comme de toute personne qui fait circuler une marchandise ; il spécule sur elle, mais cette marchandise au lieu d'être du fer, des étoffes ou des denrées alimentaires est de l'argent.

Deux objections s'élèvent contre cette doctrine, en vertu de laquelle c'est la qualité du prêteur qui détermine la nature du prêt.

1° De cette doctrine résulte une conséquence anormale. Même quand le prêt est fait pour les besoins du commerce de l'emprunteur, si le prêteur n'est pas com. merçant, on arrivera à dire que le prêt est civil et que les intérêts devront être limités à 5 %.

Des arrêts ont complété l'insuffisance de cette doctrine sur ce point, et sont arrivés à la transformer en la formule suivante : la nature du prêt se détermine par la qualité du prêteur, et si le prêteur n'est pas commerçant par celle de l'emprunteur (1).

2° Deuxième objection : Qu'est-ce que la profession

(1) Cass, 18 février 1836. S., 1836. 1. 940 ; Cass, 7 mai 1845. S., 45. 1. 644.

de banquier? c'est la profession de celui qui prête de l'argent ; donc, toute personne qui prête de l'argent, même à un taux usuraire, peut se qualifier de banquier, de commerçant, et être ainsi usurière légalement, puisque le caractère du prêt se reconnaît à la qualité du prêteur. Si cette conséquence était admise, et si la jurisprudence appliquait rigoureusement son système, la loi se trouverait purement et simplement désarmée à l'égard des usuriers professionnels. Elle ne l'a pas fait : même depuis la loi du 12 janvier 1886, l'individu poursuivi pour délit d'habitude d'usure ne saurait se soustraire aux peines édictées en cette matière, en alléguant qu'il fait métier de ces sortes d'opérations, et qu'il est, par cela même, commerçant et dispensé d'observer la loi limitant le taux de l'intérêt (1).

Or, il y a une chose évidente. Quelle différence peut-on faire entre l'individu qui se procure de l'argent par dépôts en banque pour le transmettre par prêts à ses clients avec un bénéfice plus ou moins élevé, et le marchand qui se procure de la marchandise en gros et obtient un gain plus ou moins fort en la revendant au détail ?

Scientifiquement aucune, nous l'avons déjà dit, l'argent est une marchandise.

Comment contester alors à l'un plutôt qu'à l'autre le droit de réaliser le profit qui s'offre à lui sur ce qu'il

(1) *Paris*, 10 mars 1896. D., 98. 2. 486.

livre ? Est-ce que tous les deux ne sont pas soumis exactement aux mêmes lois d'offre au public et de concurrence ?

Mais, dira-t-on, si on laisse le banquier libre, il va en profiter aussitôt pour écraser le client, qui, pour une cause ou pour une autre, sera obligé de s'adresser à lui. C'est un fait qui se rencontrera sûrement, et que l'on peut définir ainsi « l'abus des passions ou de la faiblesse de l'emprunteur ».

Au fond des choses, c'est en cela que consiste véritablement l'usure. Rien n'empêche de la punir sous cette forme, et pour cela, il n'est pas besoin de ce maximum partiel cause de toutes les difficultés que nous étudions.

La loi devrait punir le banquier qui se livre à cette usure, comme elle le punit déjà s'il essaie de spéculer en organisant une maison de prêts sur gage prohibée par la loi (1), mais le laisser libre d'exiger en toutes circonstances l'intérêt commercial.

Nous ne croyons pas, en somme, que c'est parce que le banquier peut se livrer à des manœuvres illicites, qu'on doit limiter son gain à 5 % en matière civile. C'est simplement une raison pour prévoir et punir ces manœuvres illicites.

En effet, le banquier prête de l'argent à celui qui en a besoin, comme son voisin vend des étoffes ou des denrées à celui qui est obligé d'en acheter. Or, le

____

(1) D. P. 1894. 2. 337.

non commerçant, comme le commerçant a besoin ou peut avoir besoin d'argent. L'agriculteur au moment des moissons, par exemple, peut se trouver aussi pressé d'argent qu'un commerçant quelconque. De ce fait que le banquier trouve à prêter à plus de 5 % à un commerçant, tandis qu'il doit restreindre son bénéfice à ce taux pour un agriculteur, il résultera ceci : il prêtera au commerçant et jamais à l'agriculteur.

C'est sans doute poussée par ces nécessités pratiques, que la jurisprudence s'est presque unanimement attachée à cette idée, que c'est la qualité du prêteur qui donne au prêt son caractère commercial ou civil.

Nous y voyons, quant à nous, un motif pour la suppression de ce régime bizarre introduit par la loi de 1886, qui repose sur une distinction qui n'est ni possible, ni utile.

Le système de la jurisprudence, en réalité, s'il n'est pas complètement en harmonie avec la stricte vérité juridique, l'est avec les besoins de la pratique.

En résumé, nous sommes en présence de deux théories bien caractérisées, auxquelles on peut facilement rattacher tous les systèmes intermédiaires.

La première tire la commercialité du prêt de la destination de l'argent prêté, c'est-à-dire de la nature de l'acte accompli par l'emprunteur. Il faut qu'il y ait acte de commerce de sa part. Elle résulte exactement de la législation actuelle. Juridiquement, c'est la vraie théorie, mais pratiquement, elle peut être nuisible au non commerçant qui a besoin d'emprunter à court terme.

La seconde théorie, plus pratique, caractérise la nature civile ou commerciale du prêt par la qualité du prêteur, quelquefois par celle de l'emprunteur. Elle n'est pas complètement conforme à la loi, elle s'appuie seulement sur l'axiome : « plus valet pecunia mercatoris quam non mercatoris», mais elle est généralement adoptée en jurisprudence parce qu'elle est plus d'accord avec les besoins de la vie réelle.

De cette dualité, de cette existence à côté de la doctrine véritablement légale, d'une doctrine qui la corrige, on peut conclure que la loi est imparfaite. En législation faire une pareille distinction entre le prêt civil et le prêt commercial, c'est exiger pour qu'un commerçant réalise un bénéfice donné que sa contre partie fasse un acte de commerce, c'est ruiner le crédit des non commerçants que l'on a l'intention de protéger.

§ VII.— DE L'USURE A L'OCCASION DES PRÊTS ET EMPRUNTS FAITS PAR UN FRANÇAIS A UN ÉTRANGER.

Les législations étrangères ne sont pas pour la plupart, sur ce point particulier de l'usure, semblables à la nôtre. Certains États, les plus nombreux, ont supprimé toute limitation du taux ; d'autres, tout en maintenant la limitation, ont choisi un taux maximum différent du nôtre.

D'intéressantes discussions pourront donc surgir à

propos des prêts à intérêts intervenus entre français et étrangers. Il peut en conséquence être utile de transporter la question de l'usure sur le terrain du droit international privé. Voici la question précise que nous allons nous poser. Dans les prêts et emprunts faits par un français à un étranger, peut-il être stipulé d'une façon habituelle, en matière civile, un intérêt plus élevé que 5 %, sans que le prêteur s'expose à être poursuivi pour usure ?

Demandons nous, tout d'abord, quand il y aura stipulation d'intérêts plus hauts que 5 %, en matière civile, dans un prêt fait entre français et étranger ?

La preuve que le prêt a été fait à un taux excédant celui qui est fixé par la loi du 3 septembre 1807 dans son article 1 peut résulter de deux faits : 1° d'une stipulation formelle, 2° d'une stipulation tacite.

1° Elle résulte de l'expression formelle de la volonté des parties contenue dans les termes du contrat lui-même, s'il est dit par exemple : Pierre prête à Paul six mille francs que Paul lui rendra dans un an avec des intérêts calculés à dix, vingt pour cent.

2° Elle résulte d'une stipulation tacite, lorsque la stipulation d'intérêts supérieurs au taux légal dans ces prêts n'est pas indiquée en termes exprès, mais est simplement sous-entendue.

L'intention des parties, quoique non exprimée, peut en effet résulter clairement de circonstances de fait.

D'après l'ancienne doctrine de Barthole, qui est actuellement un guide généralement suivi en droit international, la volonté des parties, règle primordiale du contrat, est censée avoir voulu se conformer à la loi du lieu où le contrat a été fait, « locus regit actum. » Donc si entre français et étranger, une convention de prêt à intérêt a été faite dans un pays où le taux légal de l'intérêt est plus élevé qu'en France, les parties seront censées avoir stipulé cet intérêt (1).

A cette règle « locus regit actum » quelques restrictions s'imposent dans certains cas particuliers : Par exemple, si deux cocontractants, domiciliés dans le même pays, vont passer leur contrat dans un pays différent (domiciliés en Italie, ils vont contracter en Suisse on n'appliquera pas la loi du lieu « Suisse », mais on appliquera la loi de leur domicile, la loi italienne, qu'ils sont censés mieux connaître. C'est cette loi qui nous indiquera quel intérêt les parties ont entendu stipuler. Si les parties étant domiciliées dans deux pays différents, s'en sont allés contracter dans un troisième, on se basera pour résoudre la question posée, soit sur la « lex solutionis » (loi du pays du paiement, soit sur la « lex loci (2). »

Cette question préliminaire résolue, nous aborderons la question principale :

(1) CLUNET, *Journal de droit international privé*, 1897, p. 5 et s. Pillet.

(2) Cass, 23 février 1864, D. 64. 1. 166.

Dans le cas d'une convention intervenue entre français et étranger, la stipulation habituelle, en matière civile, d'un taux supérieur à 5 %, tacite ou exprimée, peut-elle être punie pour raison d'usure ? Autrement dit, est-ce que la qualité d'étranger appartenant à l'une des parties dans le contrat de prêt leur permet la répétition de la clause d'intérêts supérieurs au taux légal, sans que le prêteur encoure les peines du délit d'usure ?

La loi pénale française s'applique à tous les faits répréhensibles commis sur le territoire français, quelle que soit la nationalité de leurs auteurs. L'article 3 du Code civil le dit en ces termes : Les lois de police et de sûreté obligent tous ceux qui habitent (lisez qui se trouvent sur le territoire. Si donc les conventions passées entre français et étranger peuvent produire le délit d'usure, il n'y a aucune raison de douter que ce délit ne relève, pour les deux parties, de la compétence des tribunaux correctionnels français. La question qu'il s'agit de résoudre est simplement celle-ci : ces conventions entre français et étrangers peuvent-elles former les éléments constitutifs d'un délit d'usure.

Nous commencerons, tout d'abord, par éliminer une certaine catégorie de cas, dans lesquels, même s'il y avait usure, la loi française serait impuissante à atteindre le prêteur. Ce sont des cas où l'industrie de l'usurier est exercée hors de France par des prêteurs français ou contre des emprunteurs français.

Ainsi, les faits d'usure commis par des français à

l'étranger ne sont punissables en France que s'ils sont également punis par la loi étrangère (1).

Si la loi étrangère admet la liberté du taux par exemple, il n'y aura pas lieu de poursuivre le français qui, sous l'empire de cette loi, s'est livré habituellement à l'étranger à des prêts prohibés en France.

Si, d'autre part, les faits ont été commis dans un tel pays par un étranger prêteur vis-à-vis d'un français emprunteur, il n'y a pas possibilité non plus pour la justice française d'agir.

La question de savoir si le délit d'usure peut exister ou non n'a donc pas d'intérêt en pratique dans les hypothèses que nous venons d'examiner, puisque, même s'il existait, on ne pourrait pas le punir.

Il n'en sera pas de même dans les cas dont nous allons maintenant parler :

(1) Cela résulte de la loi du 17 juin 1866, alinéa 1, modifiant l'article 5, alinéa 2, du Code d'instruction criminelle : Tout français qui, hors du territoire de France s'est rendu coupable d'un fait qualifié de délit par la loi française, peut être poursuivi et jugé en France, si le fait est puni par la législation du pays où il a été commis. La loi de juin 1866 exige encore quatre autres conditions pour que des poursuites soient possibles au sujet d'un délit commis à l'étranger, comme c'est ici le cas au sujet du délit d'usure.

1° Il faut que l'inculpé n'ait pas prouvé qu'il a déjà été jugé à l'étranger (Code instruction criminelle, article 5, alinéa 3) :

2° Il faut que la poursuite soit intentée à la requête du ministère public (article 5, alinéa 4) :

3° Qu'une plainte de la partie offensée ou une dénonciation à l'Autorité française par l'Autorité du pays où le délit a été commis ait précédé la poursuite (article 5, alinéa ') :

4° Que l'inculpé soit de retour en France (article 5, alinéa 5).

Quand les faits d'usure ont eu lieu en France, par exemple lorsque le prêteur, quelle que soit sa nationalité, a stipulé d'une façon habituelle, en France, d'un étranger l'intérêt légal d'une loi étrangère surpassant le nôtre ; quand un Français, qui commet le délit au détriment d'un emprunteur étranger, le commet dans un pays où l'usure est punie comme en France, alors la question a un intérêt pratique. En effet, si les actes commis engendrent le délit d'usure, le prêteur pourra être poursuivi devant le tribunal correctionnel français et condamné.

Nous dirons que lorsqu'une des parties est française, et l'autre étrangère, le fait de prêter habituellement au-dessus du taux légal français ne constitue pas le délit d'usure sauf le cas de fraude bien entendu. En effet : supposons que les parties aient formellement ou implicitement stipulé un intérêt exagéré, par exemple l'intérêt légal d'une loi étrangère qui autorise de percevoir plus de 5 %, en matière civile.

Deux lois se trouveront en présence et en conflit à la suite de cette stipulation : la première, c'est la loi de 1807-1886 qui prohibe l'intérêt de plus de 5 %, en matière civile, la seconde c'est la loi du contrat.

Mais l'article 1134 du Code civil amènera immédiatement à dire : les conventions ne tenant lieu de loi aux parties que si elles sont légalement faites, les parties n'ont pas ici à se préoccuper d'une convention qui ne peut leur servir de loi, puisqu'elle est illégale, et n'ont qu'à tenir compte de la loi de 1807. La répétition d'une pareille stipulation en conséquence doit constituer le délit d'usure puni par la loi.

Or, le fait que l'un des cocontractants est étranger modifie profondément la situation, et, l'on ne peut dire que la convention dont il s'agit est illégale. Pourquoi en effet, l'étranger serait-il obligé de se conformer à la loi nationale de son cocontractant, ou, plus simplement, pourquoi la loi française exclurait-elle absolument la loi étrangère ?

C'est, répondra-t-on parce que, d'après l'article 3 du Code civil, les lois de police et de sûreté obligent tous ceux qui habitent le territoire, et que, d'après l'article 6, on ne peut déroger par des conventions particulières aux lois qui intéressent l'ordre public et les bonnes mœurs. que, en dépit de la loi étrangère adoptée par les cocontractants et permettant l'exagération du taux. il n'y en aura pas moins fait d'usure susceptible. par sa répétition, de se transformer en délit.

Cette raison serait décisive, si toutes les lois d'ordre public s'imposaient absolument ; mais, dans les lois d'ordre public, il y a deux catégories : les unes sont d'ordre public absolu, et ne doivent fléchir devant aucune contradiction ; les autres sont d'ordre public relatif, et permettent dans certains cas, l'application de certaines lois étrangères qui leur sont contraires, parce que, en réalité, elles peuvent subir une dérogation sans que l'ordre public soit véritablement lésé. Or. nous l'allons prouver,la loi de 1807 est une loi d'ordre public relatif.

Dans les lois d'ordre public absolu, on fera rentrer les lois sur la sûreté et la bonne organisation de la société, comme celles qui concernent les actes de l'état-civil, celles qui tiennent aux bonnes mœurs et à l'ordre social, telles que la prohibition de la bigamie.

Dans les lois d'ordre public relatif, on fera rentrer celles qui ne rentrent pas dans ce cadre.

Savoir si l'on se trouve en face d'une loi d'ordre public absolu, ou d'une loi d'ordre public relatif, est chose difficile. La délimitation entre ces deux espèces de lois est une affaire d'appréciation : c'est l'affaire des juges auxquels la difficulté est soumise. Dans leur examen, ces derniers devront tenir compte du temps, de la religion, du pays, de toutes choses enfin qui peuvent déplacer les limites de l'ordre public absolu : l'ordre public absolu est en effet essentiellement instable.

Donnons un exemple : En 1816, une loi d'ordre public prohiba le divorce en France, et les tribunaux français eurent plusieurs fois l'occasion de décider si le divorce pouvait être prononcé en France entre étrangers et si l'étranger divorcé pouvait s'y remarier. Pendant très longtemps, les juges français considérèrent la loi sur le divorce comme une loi d'ordre public absolu, et refusèrent d'admettre les lois étrangères qui la contredisaient. Mais, dans la seconde moitié du siècle, il se produisit en France en faveur du divorce un courant d'opinion toujours croissant, qui finit par aboutir, en 1884, à l'abrogation de la loi de 1816.

Dès 1860, c'est-à-dire dès que ce courant d'opinion eut assez de puissance, on commença à considérer la loi sur le divorce comme d'ordre public relatif, et un arrêt de cassation de 1860 tient compte d'un divorce prononcé en vertu de la loi étrangère.

Ce qui s'est produit de 1860 à 1884 pour la loi du divorce s'est produit également pour la loi limitant le taux de l'intérêt de l'argent.

Comme nous l'avons déjà dit, les idées économiques actuelles ne sont plus celles qui ont inspiré la législation restrictive du taux. Les économistes la considèrent comme un anachronisme. En France même, les restrictions qu'elle a subies plaident en faveur de sa suppression qui ne peut tarder à venir. En tenant compte de cette situation exceptionnelle, il serait difficile aux tribunaux d'agir autrement qu'ils le faisaient de 1860 à 1884 pour la loi du divorce, et de considérer la loi de 1807 modifiée comme une loi d'ordre public absolu.

Elle est d'ordre public relatif, et lorsque l'on se trouve en face d'une convention d'intérêts au-dessus d'un taux légal par suite de l'application d'une loi étrangère, on doit permettre l'application de cette loi étrangère, et on ne peut jamais voir dans la répétition de cette stipulation un délit d'usure.

A cette façon de voir, on peut néanmoins opposer une objection spécieuse. Il faut, dit-on, lorsque le tribunal a à déterminer si une loi est d'ordre public absolu, qu'il se place, non au moment où il juge, mais à l'époque où

la loi a été promulguée. Il doit être un interprète de la
loi telle qu'elle était à l'instant où elle sortait de la main
du législateur. « il doit chercher l'intention du législateur. contemporaine de la loi elle-même : ce ne sont pas
les changements de mœurs qui abrogent les lois (1) ».

Évidemment. le juge doit appliquer la loi avec le
caractère qu'elle a eu au moment de sa promulgation.
Tant qu'elle est en vigueur. la loi demeure telle qu'elle
a été faite. Mais. en la circonstance. les tribunaux n'ont
pas à appliquer purement et simplement la loi française.
Ils ont à résoudre une toute autre question : ils ont à
décider si l'application de la loi française est compa-
tible ou non avec celle de la loi étrangère. si elle est
d'ordre public assez absolu. pour faire écarter cette loi
étrangère. que les parties s'étaient imposée dans leur
contrat. Ce qu'il y a seulement à examiner. c'est si la
loi étrangère est tellement contraire à nos mœurs.
qu'elle ne puisse être appliquée en France.

Or. il est certain que. dans le cas que nous avons
examiné. - dans le cas d'un prêt entre français et
étranger. - des conventions non usuraires suivant la
loi étrangère, mais usuraires aux yeux de la loi française doivent être considérées comme licites. étant
donnée la tendance générale à la liberté en toutes
matières du taux de l'intérêt. Le tout. sauf le cas de
fraude bien entendu.

(1) LAINÉ. — *Cours de droit international privé.*

La théorie que nous venons d'exposer fait de grands progrès dans la jurisprudence, et y est, aujourd'hui, la plus communément admise. Un arrêt de la cour de Rouen du 12 juillet 1889 (1) dit que le taux de 12 % étant autorisé dans la république de l'Équateur, ce taux est licite même pour un prêt fait en France à une société dont le siège social est à Guayaquil.

Un arrêt de la Cour de cassation du 19 février 1890 (2) confirme l'arrêt de la Cour de Rouen, en disant que l'ouverture de crédit sollicitée à l'étranger par une maison de commerce dont le siège social y est établi ; n'est pas régie par la loi française en ce qui concerne l'intérêt, mais par la loi du pays où est établie la maison de commerce.

On donnerait la même solution en matière civile qu'en matière commerciale, les raisons étant les mêmes.

La plupart des arrêts intervenus relativement au taux de l'intérêt dans ces conventions, admettent que la loi de 1807 n'est plus que d'ordre public relatif. Ils disent que le taux de l'intérêt est fixé par la règle « locus regit actum » (3), lorsque les parties n'ont pas expressément spécifié le taux de l'intérêt. A plus forte raison, quand les parties ont formellement stipulé un intérêt conforme à l'intérêt légal de la loi étrangère, il est

(1) CLUNET, *Journal de droit int. privé.* 1890. p. 129.
(2) CLUNET, *op. cit.*, 1890, p. 495.
(3) *Journal de droit int. privé,* 1897, p. 5 et suiv. PILLET, 1874. p. 128.

impossible de voir dans leur contrat une convention usuraire. De toutes ces considérations, on tirera les conclusions suivantes : 1° quand un intérêt supérieur à 5 % en matière civile aura été expressément ou tacitement stipulé dans un prêt intervenu entre un français et un étranger dont la loi nationale admet cet intérêt, la convention ne pourra être considérée comme usuraire par les tribunaux français ; 2° il en sera de même en vertu de la règle *locus regit actum* toutes les fois que la convention aura été passée dans un pays étranger dont la loi permet un intérêt de plus de 5 %, même si les parties appartiennent à des pays limitant à 5 %, ou même au-dessous, le taux de l'intérêt, la question de fraude étant toutefois réservée (1).

Il n'y aurait qu'un seul cas où le délit d'usure existerait en droit international, ce serait lorsqu'il y aurait en France ,ou dans un pays étranger où l'usure aurait les mêmes caractères qu'en France, stipulation d'intérêts plus hauts que 5 % entre français et étrangers dont la loi nationale prohibe comme usuraire la stipulation d'intérêts supérieurs à 5 %. Il n'y a en effet aucune raison dans ce cas pour regarder une telle convention comme licite : on ne peut, ni invoquer la règle *locus regit actum*, ni dire que l'étranger a voulu s'en référer à sa loi nationale.

(1) Nous supposons toujours qu'il est hors de doute que les parties ont entendu stipuler un intérêt supérieur à 5 %.

Dans tous les autres cas, les tribunaux ne devront pas considérer les conventions entre français et étrangers comme usuraires. L'usure, en droit international, est donc devenue une rareté.

La tolérance avec laquelle les juges français admettent la stipulation d'intérêts supérieurs à la limite légale entre français et étrangers est encore un fait démontrant que la loi de 1807 est une loi surannée. Et, lorsque nous en arrivons à constater que la liberté du taux de l'intérêt, déjà réclamée par les économistes, utile au développement du commerce, conforme au caractère vrai de marchandise que possède la monnaie, adoptée par nos voisins, est reconnue, dans certains cas, comme licite par nos tribunaux, nous pouvons dire que, dans la voie conduisant à la proclamation de la liberté de l'intérêt en toute matière, nous avons fait le dernier pas, avant que cette liberté soit admise par le législateur lui-même.

CHAPITRE III.

Le délit d'usure dans les législations étrangères.

———

Au début de ce siècle, la plupart des législations européennes, s'inspirant de la loi française, admettaient le principe de la limitation du taux de l'intérêt.

Elles ont, depuis, presque toutes abandonné ce système qui, sans être d'une grande efficacité contre l'usure, apporte dans les transactions une gêne considérable, en supprimant la possibilité de fixer un prix normal de l'argent, en empêchant ce prix de varier naturellement avec l'offre et la demande, avec les risques à courir.

On peut classer les législations modernes en trois groupes principaux :

1° Celles qui en sont restées, comme la nôtre, au système de la limitation du taux, soit en toutes matières, soit seulement en matière civile, et qui définissent le délit d'usure en partant de l'idée de violation d'un maximum légal.

2° Celles qui ont supprimé la limitation du taux, et n'ont pas hésité en outre à rayer de leur code le délit d'usure proprement dit, se réservant de punir les manœurs d'argent malhonnêtes, en sévissant sévèrement contre certaines manœuvres frauduleuses, qualifiées (escroquerie, abus de confiance, etc.)

3° Celles qui, tout en abandonnant le système du taux maximum, ont maintenu et puni le délit d'usure en cherchant ses éléments ailleurs que dans la stipulation isolée ou habituelle d'un intérêt supérieur à celui que la loi défend de dépasser.

Le système français est délaissé parce qu'il est défectueux. La modification que lui a apportée la loi de 1886 n'a fait que le compliquer sans l'améliorer. Si nous cherchons les pays qui l'ont conservé, nous en trouverons à peine quelques-uns et des moindres : le Guatémala, le Vénézuela, quelques cantons de la Suisse et un petit nombre d'États de l'Union Américaine. M. Labiche, le rapporteur au Sénat de la loi de 1886, lorsqu'il demandait l'abrogation partielle de la loi du maximum, s'exprimait ainsi :

« Aujourd'hui, la liberté du taux de l'intérêt existe dans presque tout le monde civilisé. Pourquoi, ajoutent les partisans d'une réforme complète, la France, seule avec quelques cantons Suisses et quelques États de l'Amérique du Nord, resterait-elle privée d'une liberté dont les effets favorables ont été constatés partout où l'expérience a été tentée ?

Ne serait-il pas singulier que ce fut précisément dans un pays de suffrage universel, où les citoyens sont appelés à statuer sur les plus hautes questions politiques et administratives, qu'ils fussent, de par la loi, réputés suspects d'incapacité pour la question de leurs affaires personnelles. Si l'on craint des abus, n'est-il pas facile d'y remédier sans supprimer la liberté elle-même ? I. »

Dans notre second groupe, nous avons placé les pays qui ont aboli absolument toutes les lois sur l'usure : La législation type de ce groupe est celle de l'Angleterre.

L'Angleterre, bien avant les nations continentales, s'est débarrassée des anciens préjugés canoniques, et a reconnu la parfaite légitimité du prêt à intérêt. Elle pratiquait déjà ce contrat sans scrupule à l'époque de Calvin.

En 1714, une loi demeurée célèbre fixa à 5 %, le taux maximum permis dans le Royaume-Uni. Au-dessus de ce taux les prêts étaient considérés comme illicites et nuls.

A partir de 1833, on remarque chez le législateur anglais une tendance marquée à s'acheminer vers la liberté absolue du taux. Après plusieurs mesures qui ménagèrent la transition, la loi de 1854 réalisa cette réforme. Depuis lors, comme la loi n'a édicté aucune peine contre les usuriers, il n'y a plus en Angleterre d'usure possible.

Seuls, les pawnbrokers, prêteurs sur gages, qui

(1) Rapport de M. LaLiche. Sénat. *Annexes*. Avril 1886, p. 416.

jouent dans ce pays le rôle de nos Monts-de-Piété français, sont soumis à une réglementation d'ailleurs assez large.

L'Angleterre, qui est une nation riche et commerçante, n'a qu'à se louer de ce régime. L'offre des capitaux y est abondante et le prix de l'argent y est descendu très bas. Un économiste anglais a dit de ce système un mot qui montre bien à quel point il est actuellement entré dans les mœurs britanniques. « Il serait aujourd'hui, dit cet auteur, aussi difficile de rétablir en Angleterre la législation restrictive que de faire remonter les fleuves à leurs sources. »

Le régime de la liberté absolue est également pratiqué avec succès chez certains peuples commerçants et avancés : en Hollande, au Portugal, dans la plupart des États de l'Union américaine, au Japon.

On a tenté de l'appliquer à des nations qui, bien que très développées, contiennent des classes rurales arriérées ; on a été obligé, dans ces pays, de le modifier et de prévoir les abus possibles pour les punir, en un mot, d'organiser un délit d'usure.

En abordant cette modalité du système de la liberté, nous entrons dans notre troisième groupe, que nous allons étudier en examinant les lois allemandes et autrichiennes.

Allemagne. — Le principe de la liberté du taux était déjà admis en Wurtemberg, en Saxe et en Prusse lorsque la loi du 14 novembre 1867 vint l'étendre aux autres pays allemands.

Le régime de liberté, établi par cette loi, n'est pallié que par les deux restrictions suivantes : En premier lieu, le législateur établit en faveur de l'emprunteur une exception au droit commun des contrats : lorsque l'intérêt est supérieur au taux modéré de 6 %, l'emprunteur a le droit de forcer le prêteur à recevoir un remboursement anticipé sous la seule condition de le prévenir six mois à l'avance. En second lieu, la loi croit devoir prendre des mesures spéciales à l'égard des prêteurs sur gages, qui ne peuvent opérer qu'en se conformant à des règlements particuliers les concernant.

C'était l'abolition pure et simple du délit d'usure.

Le code pénal allemand de 1870-1871 confirma la réforme réalisée en omettant volontairement de mentionner le délit d'usure.

Mais l'usure ne cessa pas de ravager le pays surtout les campagnes. De nombreuses plaintes se firent entendre contre la nouvelle réglementation du prêt, qui avait engendré, parmi les malheureuses populations rurales, une « usure effrénée (1) ». Devant les protestations presque unanimes de l'opinion, le législateur dut intervenir, et le Reichstag se trouva en face de deux propositions de lois destinées à remédier à la situation :

____

(1) Rapport Joson sur proposition Truelle. *Journal Officiel* du 19 juillet 1879.

l'une, qui réclamait le rétablissement pur et simple du taux maximum, l'autre qui maintenait le principe de liberté du prêt, mais établissait des peines pour frapper ceux qui abuseraient de la pénurie d'un emprunteur pour lui imposer des conditions trop onéreuses. La commission chargée d'étudier ces propositions repoussa le système de la limitation du taux, et accepta en principe celui qui rétablissait le délit d'usure sur de nouvelles bases.

« Elle se fonde dans son rapport, pour justifier cette double décision, sur ce que l'abus qui a pu être fait de la liberté du taux de l'intérêt doit conduire à prendre des mesures législatives pour réprimer cet abus, mais non pas pour supprimer la liberté elle-même. La commission constate les avantages qui sont résultés de la liberté des prêts à intérêt. Il est notoire, dit-elle, qu'avant que cette liberté fut proclamée, les opérations usuraires s'effectuaient en plus grand nombre encore. Les lois sur l'usure étaient impuissantes à empêcher ces opérations, et leur abrogation n'a fait qu'améliorer la situation (1) ».

La commission se décida donc dans le sens d'une sanction de l'usure considérée comme délit et définie en dehors de l'idée de maximum. Elle prépara un projet qui, remanié par le gouvernement et retouché par le Reichstag lui-même, aboutit à la loi du 24 mai 1880, dont voici la teneur :

(1) *Annuaire de législation étrangère,* 1880, p. 79.

Article premier. — Après le § 302 du code pénal de l'Empire allemand seront intercalés les nouveaux §§ 302 a. 302 b. 302 c. 302 d. qui suivent.

§ 302 a. — Celui qui, en abusant des besoins de la faiblesse d'esprit, ou de l'inexpérience d'un autre, auquel il consent un prêt, ou qui, au moment de l'échéance d'une créance, se fait promettre ou procurer soit à lui, soit à un tiers, des profits qui excèdent de telle manière le taux habituel de l'intérêt, que, d'après les circonstances de la cause, ces avantages se trouvent être en disproprtion choquante avec le service rendu, sera puni comme coupable d'usure, d'un emprisonnement de six mois au plus et concurremment d'une amende de 3.000 marks au plus. Il pourra aussi être déclaré privé de ses droits civiques.

§ 302 b. — Celui qui dissimule les profits usuraires, qu'il stipule pour lui même ou pour un tiers, ou qui se les fait promettre au moyen de lettres de change, ou sous un engagement d'honneur, ou de parole d'honneur, ou de serment, ou sous des garanties ou des protestations analogues, sera puni d'un emprisonnement d'un an au plus. Il pourra aussi être déclaré privé de ses droits civiques.

§ 302 c. — Les mêmes peines (§ 302 a. § 302 b) seront applicables à celui qui, en connaissance de cause, acquiert une créance de l'espèce susdésignée, et l'aliène ensuite, ou en exige les profits usuraires.

§ 302 d. — Celui qui exerce l'usure comme métier ou

habituellement sera puni d'un emprisonnement de trois mois au moins, et concurremment, d'une amende de 150 à 15.000 marks. Il sera également déclaré privé de ses droits civiques.

Article deuxième. — Le § 360, n° 12 du Code pénal, dans la disposition établie par la loi du 25 février 1876, sera remplacé par la disposition suivante : § 360, n° 12.

« Celui qui, comme prêteur sur gage ou acheteur de reconnaissances, commet, dans l'exercice de sa profession, une infraction aux ordonnances qui la concernent spécialement; celui qui dépasse le taux fixé par la loi du pays ou par l'ordre des autorités compétentes (sera puni d'une amende de 50 thalers au plus ou des arrêts.) »

Article troisième. — Les contrats conclus en violation des prescriptions des § § 302 a et 302 b du Code pénal sont nuls (1)...

On doit remarquer que si la loi allemande n'exige pas qu'il y ait habitude pour punir, elle considère néanmoins l'habitude comme une circonstance aggravante, et frappe plus durement l'usurier professionnel.

Depuis 1880, le législateur allemand s'est efforcé d'améliorer cette loi en prévoyant les divers détours employés par les manieurs d'argents. La loi du 19 février 1893, révisant et complétant la législation sur l'usure, est venue satisfaire l'opinion publique qui s'in-

----

(1) *Annuaire de lég. étrangère*, 1880, p. 80.

dignait de l'ingéniosité des usuriers à tourner les textes :

« C'est du désir de satisfaire à des réclamations trop fondées qu'est sortie la loi nouvelle du 19 juin 1893, révisant de nouveau les paragraphes 302 et suivants du Code pénal. Les points essentiels de cette révision sont les suivants :

a) L'extension du système de la loi de 1880 à tout contrat ayant le crédit pour objet.

b) Son extension à tout acte juridique dans lequel on stipule des avantages constituant une lésion énorme ; mais ici on n'atteint que le délit d'habitude. C'est cet article 302e qui atteint le Sachwucher ; et comme le dit M. Hanauer, sous-secrétaire d'Etat à la Justice, cet article est le clou (Schwerpunkt) de la loi (1).

c) La loi cherche à entraver certaines spéculations notamment les spéculations foncières, en mettant certaines professions sous un régime d'autorisation et de surveillance, dont le principe général se trouve dans la loi industrielle (Gewerbe Ordnung).

Voilà les principaux éléments de la nouvelle, courte mais caractéristique loi du 19 juin 1893. Il ne faut pas se figurer que cette loi extirpera l'usure ; elle fera peut-

______

(1) § 302e nouveau. Sera puni de la même peine celui qui par métier ou habituellement dans les conditions d'un acte juridique autre que ceux prévus à l'article 302 a, et en abusant des besoins de la légèreté ou de l'inexpérience d'un autre, se fait promettre ou procurer, soit à lui même, soit à un tiers des profits qui excèdent de telle manière la valeur de sa prestation, que, d'après les circonstances de l'acte, ces profits se trouvent en disproportion choquante avec cette prestation.

être du bien ; la répression est nécessaire, mais il faut joindre à cela une campagne morale et aussi une organisation sérieuse du crédit rural honnête : c'est ce qu'on a fait avec succès par les *Bauervereine* et les caisses *Reiffeisen* (1).

Autriche. — Nous allons voir en Autriche une évolution analogue à celle que nous venons d'étudier : la liberté du taux de l'intérêt fut proclamée dans ce pays par la loi du 14 juin 1868. Les résultats de ce régime y semblèrent particulièrement déplorables. Les classes rurales se livrèrent aux usuriers pour satisfaire leur funeste passion de l'alcool. Ces derniers, à qui l'on reconnaissait le droit de faire souscrire des lettres de change même aux non commerçants, en profitèrent pour exiger couramment des intérêts qui variaient entre 30 et 40 %.

Le gouvernement fut invité par la Chambre à remédier à cette situation déplorable une première fois en 1874, une seconde en 1875. Considérant que les abus signalés provenaient moins de l'application d'un système défectueux que des vices d'une population qu'il fallait instruire et soulager par des institutions de crédit, il refusa d'en revenir au régime archaïque de la limitation, et se contenta de chercher à atteindre les usuriers par de sévères mesures pénales.

C'est de ces circonstances que naquit la loi du 19 juil-

____

(1) *Annuaire de législation étrangère,* An. 1893. p. 85.

let 1877, tendant à réprimer les abus commis dans les opérations de crédit en Gallicie, dans la Lodomérie, la Bukowine, etc. (1) ».

Cette loi punissait le prêteur, qui abusait de la situation de l'emprunteur, de l'emprisonnement et de l'amende. L'acte était annulé, mais celui qui avait avancé les fonds avait droit à une indemnité comme compensation de la privation subie. Le fait isolé d'usure était punissable, l'habitude n'était qu'une cause d'aggravation de la peine. Le taux de l'intérêt demeurait libre.

La loi de 1877 n'était applicable que dans certaines provinces arriérées où les abus avaient été les plus scandaleux. On la compléta par des pénalités atteignant l'ivrognerie.

Néanmoins, ces dispositions paraissant insuffisantes, l'opinion réclama bientôt une modification des lois sur l'usure, et leur extension à tout l'empire.

Le gouvernement promit de faire une enquête, et de préparer des réformes. L'initiative parlementaire hâta la solution. Différents projets rétablissant le taux maximum, soit en toutes matières, soit seulement en matière civile furent présentés, les discussions de la commission furent longues et obscures. Le gouvernement combattit toute limitation du taux, et réussit, malgré

(1) *Annuaire de législation étrangère*, 1878, p. 214 et suivantes.

l'opposition, à faire passer une loi faite pour tout l'empire, maintenant le principe de liberté et punissant l'usure avec sévérité : ce fut la loi du 28 mai 1881, tendant à remédier aux abus commis dans les opérations de crédit.

« Cette loi ne contient aucune innovation remarquable. Continuant les errements de la loi autrichienne du 19 juillet 1877 et de la loi prussienne du 24 mai 1880, elle maintient le principe de la liberté absolue du taux ; mais frappé de pénalités parfois assez graves ceux qui abusent de cette liberté pour exploiter les débiteurs hors d'état de se protéger. Tous les articles qu'elle contient n'ont guère pour objet que de déterminer les éléments constitutifs du délit qu'elle punit, et d'en régler les conséquences, soit au point de vue pénal, soit au point de vue civil (1) ».

Elle définit l'usure : exploiter sciemment la légèreté, la situation nécessiteuse, la faiblesse d'intelligence, l'inexpérience ou l'excitation d'esprit d'un emprunteur.

Elle ne sévit pas, lorsqu'il s'agit d'opérations commerciales où le créancier aussi bien que le preneur à crédit sont des commerçants.

Nous ne passerons pas en revue l'histoire de toutes les législations qui ont admis la liberté du taux palliée par des dispositions pénales. Nous rappellerons seulement que c'est le régime le plus communément adopté

____

(1) *Annuaire de législation étrangère*. 1882. P. 307.

de nos jours. C'est notamment celui de la Belgique (1867. Code pénal art. 494), de la Norwège (loi du 29 juin 1888), de la Russie (1893. Code pénal art. 1707 à 1709).

C'est ce dernier système qui nous paraît le plus généralement praticable. C'est celui qui concilie le mieux le besoin de liberté avec les nécessités de la répression.

Néanmoins, il est évident que, là où le système de la liberté absolue est possible, c'est ce dernier que l'on devra appliquer, car lui seul est véritablement en rapport avec le vrai caractère de l'argent, qui est une marchandise et doit être traité comme tel.

CONCLUSION

En résumé, et pour conclure : le système de la liberté du taux est le plus conforme aux principes de la science économique, c'est aussi celui qui est le plus favorable au développement industriel, commercial et agricole d'un pays, car il permet au capitaliste de traiter sans crainte et au véritable prix avec ceux qui sollicitent ses avances. Si la fourmi n'est pas prêteuse, elle le devient lorsqu'elle peut le faire avec sécurité et profit. Un pareil régime qui procure au prêteur ce double avantage, a bien des chances de faire augmenter l'offre des capitaux, et d'amener ainsi naturellement un abaissement appréciable du prix de l'argent, habilement complété par certaines mesures, telles qu'une loi pénale contre l'usure, une organisation savante du crédit, il assure aux emprunteurs la protection qui leur est nécessaire dans certains milieux.

Le taux maximum, au contraire, n'est pas en harmonie avec la réalité scientifique qui exige qu'on laisse le prix de l'argent varier avec les circonstances, comme on laisse varier celui des autres marchandises ; le prix de l'argent, en effet, ne peut, pas plus que celui du blé, être fixé arbitrairement par le législateur.

La limitation du taux est aujourd'hui presque universellement reconnue comme un régime suranné : elle gêne
les transactions : elle est si peu applicable, que le législateur français lui-même s'est vu obligé de la battre en
brèche par une série d'exceptions qui ne sont, en réalité,
que ses étapes successives sur le chemin de la liberté.

Elle n'a même pas, enfin, la grande efficacité préven-
tive que l'on se plaît souvent à lui attribuer.

Il faut donc proclamer la liberté du taux en toute
matière.

Si cela n'a pas été fait en 1886 c'est parce que l'on
n'a pas osé s'attaquer ouvertement aux vieux préjugés
qui ont inspiré la loi de 1807. On craignait pour les
petits cultivateurs, on redoutait de les livrer sans
défense aux usuriers de village et, dit M. Huc, « on
s'est figuré que la différence existant entre ce qu'on
pourrait appeler le crédit urbain et le crédit rural cor-
respondait à la différence existant entre les matières
commerciales et les matières civiles (1) ».

Au fond, la distinction faite par la loi de 1886 entre
les prêts civils et les prêts commerciaux ne repose sur
aucune base sérieuse : nous l'avons vu lorsque nous
avons parlé des difficultés que rencontre la jurisprudence pour établir la théorie de cette distinction. Elle
est donc tout à fait insuffisante pour servir de base à une
démarcation, fondement d'une loi de répression pénale.

____

(1) Huc, *Code civil (Commentaire du)*, t. xi, p. 245.

A l'époque où la loi de 1886 a été votée. on peut dire que le système de la liberté avait de nombreux partisans au parlement. et que le législateur ne s'est con tenté qu'à regret de cette réforme partielle. qu'il ne croyait pas d'ailleurs si défectueuse. Il ne voulait pas retarder. par la prolongation de débats déjà prolixes, une réforme urgente. que le commerce attendait depuis fort longtemps et avec impatience.

Cela a été dit formellement par le rapporteur de la loi, lors de la discussion au Sénat.

M.M. Tenaille-Saligny et Léon Say voulaient le remaniement du projet dans le sens d'une abolition complète de la limitation du taux. Ils proposèrent donc un amendement, qui généralisait la réforme que le projet limitait aux opérations ayant un caractère commercial. La disposition suivante, inspirée de la loi allemande, était jointe à la contre proposition des honorables sénateurs : « Quiconque, en abusant de l'inexpérience. de la faiblesse ou des passions de l'emprunteur, aura stipulé à son profit ou au profit d'un tiers des avantages excédant le taux légal, de façon à se trouver en disproportion choquante avec le service rendu, sera déclaré coupable du délit d'usure et puni d'un emprisonnement d'un mois à un an et d'une amende de 1000 à 10.000 francs ou de l'une de ces deux peines seulement (1). »

(1) *Journal Officiel*. 15 décembre 1885, p. 1315.

Cet amendement **ayant** été repoussé par l'assemblée, M. Labiche, le rapporteur **du** projet officiel, déclara à M.M. Tenaille-Saligny et Léon Say qu'il était partisan de la doctrine économique défendue par eux, mais que, néanmoins, il avait été bien aise de voir repousser leur amendement, et cela pour cette seule raison que, législateur avant tout, il avait le devoir de rechercher des solutions pratiques, plutôt que des satisfactions théoriques, et que remanier le projet adopté par la Chambre c'était encore ajourner la réforme (1).

Nous n'apprécierons pas les scrupules du législateur, nous regretterons seulement que sa hâte de satisfaire l'opinion l'ait empêché d'adopter le contre projet Tenaille-Saligny qui nous paraît bien préférable au régime si illogique admis en 1886.

Nous croyons que la disposition pénale jointe à cette proposition aurait au moins remplacé sans inconvénient le système répressif de la loi de 1807, et que c'est à tort qu'on l'accuse, en laissant les juges apprécier librement quand le taux dépasse la limite habituelle, de livrer les citoyens à l'arbitraire.

Outre que l'on pourrait faire, et plus justement encore ce même reproche au système de notre loi française de 1886, nous devons constater avec M Tenaille-Saligny combien cette objection spécieuse est fausse.

(1) *Journal Officiel*. 15 décembre 1885, p. 1318.

« Il ne faut pas, a-t-il dit, s'effrayer de cette faculté donnée aux tribunaux d'apprécier, quand il y a usage et quand il y a abus, de scruter la conscience du prévenu et d'y rechercher l'intention coupable ; mais est-ce que cette faculté n'est pas déférée soit aux cours d'assises, soit aux tribunaux correctionnels, dans toutes les matières qui font l'objet des dispositions de nos lois répressives. » (1)

(1) *Journal Officiel,* 15 décembre 1885. p. 1315.

Vu : LE PRÉSIDENT DE LA THÈSE,
SALEILLES.

Vu : LE DOYEN,
GLASSON.

Vu et permis d'imprimer.
LE VICE RECTEUR DE L'ACADÉMIE DE PARIS,
GRÉARD.

TABLE DES MATIÈRES

INTRODUCTION

LE DÉLIT D'USURE

CHAPITRE I

Aperçu historique sur le délit d'usure

CHAPITRE II

Le délit d'usure dans le droit français actuel.

CHAPITRE III

Le délit d'usure dans les législations étrangères

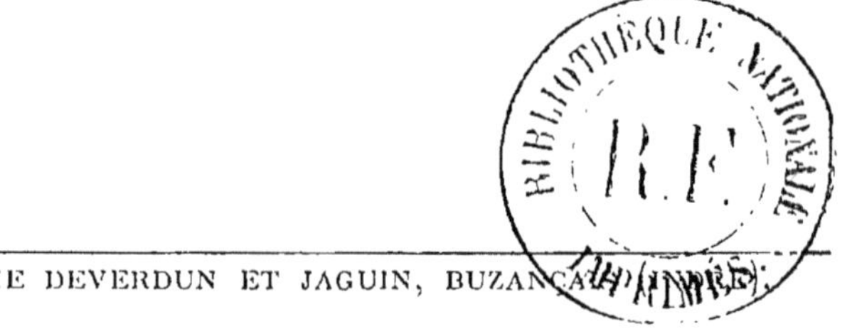

IMPRIMERIE DEVERDUN ET JAGUIN, BUZANÇAIS (INDRE).

BUZANÇAIS (INDRE), IMPRIMERIE DEVERDUN ET JAGUIN.

9 782014 453126